Wilfried Feurstein

Validation als *Lebensphilosophie*

Ein Lehrbuch um sich selbst und Menschen
mit Demenz besser zu verstehen

novum  pro

Dieses Buch ist auch als
e-book
erhältlich.

www.novumverlag.com

© 2021 novum Verlag

ISBN 978-3-99107-684-1
Lektorat: Dr. Johannes Krämmer
Umschlagfoto: Wilfried Feurstein
Umschlaggestaltung, Layout & Satz:
novum Verlag
Innenabbildungen: Wilfried Feurstein
und siehe Bildunterschrift

Die vom Autor zur Verfügung gestellten Abbildungen wurden in der
bestmöglichen Qualität gedruckt.

Gedruckt in der Europäischen Union
auf umweltfreundlichem, chlor- und
säurefrei gebleichtem Papier.

www.novumverlag.com

VALIDATION

ALS LEBENSPHILOSOPHIE – EIN LEHRBUCH

Andelsbuch/Vlbg.

Zeichnungen: Elisabeth Feurstein
Fotos: Ludwig Berchtold

INHALTSVERZEICHNIS

VORWORT

Als *vislos* (ohne Orientierung), *a bitzle vorlora* (ein wenig verloren), *a bitzle vorgeassle* (ein wenig vergesslich), *a bitzle vortrüllot* (ein wenig durcheinander) oder *a bitzle schrullig* (ein wenig sonderbar, merkwürdig) wurden in meiner Jugend die Menschen mit der Diagnose *Demenz* bezeichnet. Keiner hatte damals ein besonderes Problem mit dieser als normal geltenden Eigenart des Alters. Nach einem langen, arbeitsamen und oft entbehrungsreichen Leben erschien es als selbstverständlich, dass mit dem Nachlassen der körperlichen Leistungsfähigkeit auch die geistigen Kräfte schwinden. Aufgehoben im Familienverband gestand man den Eltern und Großeltern das Bedürfnis nach Rückzug – mit etwas Abstand am lebhaften Treiben im Alltag teilzuhaben – zu, bis sie sich im langsam fortschreitenden dementierenden Prozess irgendwann ganz *verloren* hatten.

Laut des ersten österreichischen Demenzberichts gibt es derzeit rund 130.000 Demenzkranke in der Republik. Bis 2050 soll sich die Anzahl verdoppeln und den Betreuungs- und Pflegebedarf weiter erhöhen (Vgl. Österreichischer Demenzbericht 2014). Gleichzeitig tappen die Wissenschaftler seit Jahren im Dunkeln und haben das Versprechen, ein wirksames Medikament gegen Demenz zu erfinden, bislang nicht erfüllt.

Die wachsende Zahl, das fehlende medizinische Heilmittel und die Angst der potenziell Leidtragenden, im Alter anderen hilflos ausgeliefert zu sein, stellen die Altenpflege vor große Herausforderungen. Einige Forscher nahmen Methoden, die in den Kommunikationstheorien entwickelt wurden und die sich in verschiedenen psychosozialen Praxisfeldern bereits bewährt haben, auf und übertrugen sie auf die Altenpflege, speziell auf die Arbeit mit dementierenden Menschen.

EINLEITUNG

Naomi Feil entwickelte infolge der Unzufriedenheit der Betreuer aber auch der betreuten desorientierten älteren Menschen zwischen 1963 und 1980 die *Validations-Methode*. Validation kommt vom Lateinischen *validare* und heißt *stark machen, kräftigen, gültig sein*. Mit Hilfe dieses Verfahrens soll bei alten, desorientierten Menschen das Selbstwertgefühl gestärkt und die Würde wiederhergestellt werden. Stress soll reduziert und das gelebte Leben mit all den unausgetragenen Konflikten aus der Vergangenheit angenommen werden können, damit der ältere Mensch einen glücklicheren Lebensabend verbringen kann.

Mit dem Leitsatz *Verwirrt nicht die Verwirrten* konzipierte **Erwin Böhm** in den 1970er und 1980er Jahren das *Psychobiografische Pflegemodell*. Die *reaktivierende Pflege* beschreibt er als ein *Reanimationsprogramm*, bei dem alte, weit zurückliegende, aus der Kindheit stammende emotionale Inhalte aus dem Langzeitgedächtnis geholt werden, um sie in die gegenwärtige, von Demenz bestimmte Zeit zu übertragen.

Dieses Pflegemodell soll beide, den Pflegenden und den dementierenden Menschen, miteinbeziehen. Als Ziele seiner Theorie nennt Böhm

» die Reaktivierung positiver Erinnerungsbilder bei Klienten mit Destruktionstrieb und Rückzugstendenz
» die Symptomlinderung ohne Einsatz von Psychopharmaka
» die Erhöhung des Selbstwertgefühls
» die Verbesserung der Pflegequalität durch seelische Pflege
» eine deutliche Erhöhung der Arbeitszufriedenheit der Pflegemitarbeiter, die zu einer Senkung der Krankenstände führt.

Zwischen 1987 und 1995 entwickelte Tom Kittwood zur Veränderung der Pflegekultur die Methode der *personenzentrierten Pflege*, nachdem seine Nachbarin mit einer diagnostizierten Demenz in ein Pflegeheim musste und innerhalb von wenigen Monaten einen katastrophalen Rückgang aller physischen und psychischen Kompetenzen erlitt und starb.

Mit dem Evaluationsinstrument *Dementia Care Mapping* (DCM) gelingt es Kittwood, den Pflegeauftrag der Versorgung und der Fürsorge in der gerontologischen Pflege – speziell bezogen auf Demente – zu bewerten. Das Ziel besteht darin, einen Überblick über die geleistete Arbeit der Pflegenden zu erstellen, um dann das daraus folgende Wohlbefinden sowie die Zufriedenheit der Menschen, die unter Demenz leiden, zu evaluieren.

Das Wichtigste für Kittwood ist aber, dass die Betroffenen durch die Gestaltung des Ambientes sowie durch die therapeutischen Maßnahmen *Person* bleiben können und als solche behandelt werden.

Die *mäeutische didaktische Methode* von Cora van der Kooij entstand in den Jahren 1982 bis 1985. Der Begriff *mäeutisch* bedeutet *befreiend, erlösend*, nicht zuletzt im Sinne einer Entbindung (eine „Hebammenkunst für Pflegetalente" wie Cora van der Kooij es umschrieben hat). Mäeutik ist eine Weiterentwicklung der Validationsmethode von Feil. In dieser Erweiterung beschreibt Van der Kooij die Fähigkeit, authentisch und kreativ zu beobachten, zu reagieren, wenn nötig, zu handeln und dieses Verhalten anschließend in Worte zu fassen und zu begründen. In diesem Sinne tauscht ein mäeutisch arbeitendes Team immer wieder Erfahrungen aus und stellt sich Fragen wie: „Was bedeutet das Verhalten eines Bewohners, woher kommt es, was braucht er, wie können wir Kontakt oder sogar eine Beziehung herstellen? Wer hatte schon einmal guten Kontakt?"

Diese inzwischen anerkannten und funktionierenden Pflegemethoden sind als psychosoziale Begegnungsformen geeignet, um Menschen mit Demenz einen würdevollen Lebensabend zu ermöglichen.

Welches ist nun die beste Methode für die Begleitung von Menschen mit Demenz?

Es ist die, die am meisten dein Herz erfüllt, die, in der du dich wohl fühlst. Wenn du das, was du tust, mit Begeisterung, Freude und Einsatz machst, ist der Gewinn schon vorprogrammiert.

Ob du dich nun für die hier beschriebene Lebensphilosophie oder für eine andere Form der Begleitung von Menschen entscheidest – ich wünsche dir alles Gute und viel Freude in deiner Arbeit.

1

ALTERN UND GESELLSCHAFT

„Alle wollen es werden, aber keiner will es sein: alt."
Gustav Knuth[1]

Das Alter ist nicht nur ein medizinisches und ein sozial-psychologisches, sondern auch ein gesellschaftspolitisches Problem. Welchen Wert aber das Alter(n) für unsere Gesellschaft haben könnte, zeigt sich in der folgenden Geschichte:

Eine Elefantengeschichte aus Afrika

In einen großen Safariwildpark in Südafrika kamen jedes Jahr Tausende von Besuchern aus aller Welt, die mit dem Jeep durch das Reservat fuhren, um die Tiere im Alltag zu beobachten. Das Tourismusbüro erhielt viel Lob und Anerkennung für die natürliche, tiergerechte und dennoch ungefährliche Aufmachung. Eines Tages kam ein reicher Mann zu dem Tourismuschef und wünschte sich Elefanten im Reservat. Er sagte, dass er viel Geld bezahlen würde und dafür auch Elefanten sehen wolle. Die Einheimischen im Tourismusbüro hielten Rat und beschlossen, einen jungen Elefanten aus dem Norden zu holen. Mit großer Freude über den guten Erwerb reisten sie mit dem Elefanten an und setzten ihn mitten im Reservat aus. Schon nach zwei Tagen trafen die ersten Klagen ein. Der Elefant griff die Safaritouristen an und rannte mit voller Wucht in die Jeeps, bis diese seitlich kippten. Er entwurzelte Bäume und jagte andere Tiere. Die Beschwerden wurden immer mehr und größer. Der Tourismuschef wusste sich keinen Rat, wie er auf diese Situation reagieren sollte. Kein Tierpfleger konnte ihm eine Erklärung für dieses eigenartige Verhalten geben. So wurde der Ältestenrat einberufen, um über die Vor-

kommnisse zu sprechen und eine Lösung zu finden. Nach langen Gesprächen stand der älteste der Männer auf und sagte: „Dem Elefanten fehlt ein Ältester. Holt einen alten Elefanten und bringt ihn in den Park, dann wird sich der Junge beruhigen." Nachdem der alte Mann das empfohlen hatte, wurde ein alter Elefant aus dem Norden organisiert und im Safaripark ausgesetzt. Es war wieder absolute Ruhe im Reservat. Der Alte wirkt durch sein Dasein.

Unsere weisen alten Menschen haben keinen Platz mehr in der Gesellschaft. Wer will noch die Ratschläge von ihnen hören? Und wer will noch altern beim Altwerden? Was fehlt unseren Jungen, die alles auf den Kopf stellen? Was fehlt den alten Menschen, die sich in die Demenz flüchten?

Unsere (Groß-)Väter und (Groß-)Mütter verkörpern die heimische Tradition, sie bewahren sie für die nächste Generation und schaffen mit all ihren Erfahrungen einen Raum, in dem sich die Kinder und Kindeskinder entwickeln können. Den Jungen fällt in diesem Zusammenhang die Aufgabe zu, das Wissen und die Überlieferung der Geschichte zu erhalten und zu erneuern. Beide sind füreinander unerlässlich. Denn ohne die Erneuerung würde die Tradition aussterben und ohne die Tradition bliebe das Neue haltlos. Dadurch sind die Alten und die Jungen gefordert, zu überlegen, was zu tun ist, damit das Generationenverhältnis für die Gesellschaft und die Zivilisation nützlich sein kann. Ob es sich dabei um die Verantwortung gegenüber den eigenen Eltern/Kindern handelt oder – wie in der professionellen Pflege – gegenüber fremden Alten, ist nicht mehr von Bedeutung. Die Funktion der professionellen Altenpflege zeigt sich – ethisch gesehen – im Generationenvertrag, das heißt, die Betreuung für jene Menschen zu übernehmen, die selbst nicht mehr imstande sind, sich aus eigener Kraft zu versorgen.

1.1 Psychische Veränderungen im Alter

Je mehr Menschen alt werden, desto mehr nehmen die psychischen Veränderungen zu. In Sozialzentren werden schon mehr als 60% aller Bewohner als *psychisch krank* eingestuft. Alte Menschen waren im Leben zahlreichen Belastungen ausgesetzt, die sie mehr oder weniger gut bewältigt haben. Nun kommen im Alter zusätzlich unangenehme Veränderungen auf sie zu: Körperliche, weil der biologische Alterungsprozess fortschreitet, soziale, weil Freunde erkranken oder sterben, und familiäre, weil die Angewiesenheit auf die Kinder von Schuld- und Schamgefühlen begleitet ist. Wie ein Mensch diese Belastungen empfindet und wie er mit ihnen zurechtkommt, ist abhängig von den Bewältigungsstrategien, die er in seinen jungen Jahren gelernt hat. Wer seine physischen und sozialen Verluste nicht verleugnen oder verdrängen musste, sondern sie betrauern konnte, hat auch im hohen Alter mehr psychische Stärke, um die Mängel und Beeinträchtigungen zu verarbeiten. Menschen, die sich selbst akzeptieren, respektieren und wertschätzen, können Veränderungen, die ihnen im Alter nahegehen, leichter bewältigen. (Vgl. Bellinger 2002, S. 9)

L. Berchtold

1.2 Warum verhalten sich Menschen so?

Die biologisch vorgegebene Grundlage und die Prägung durch die Erziehung bilden zusammen mit den gelernten Copings die Persönlichkeitsstruktur eines Menschen.

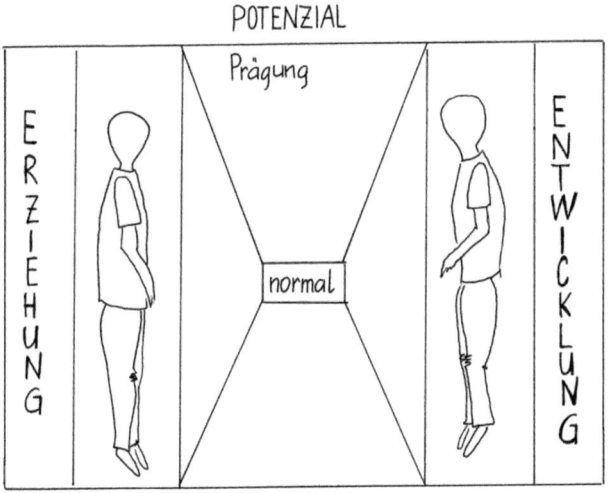

Prägungsgeschichte, E. Feurstein

Schon bei der Geburt sind alle menschlichen Fähigkeiten als Potentiale angelegt. Die konkrete Ausformung dieser Anlagen ist die Aufgabe der Erziehung. Das Denken und Tun ist somit weitgehend das Ergebnis der individuellen Geschichte.

Eltern versuchen normalerweise, die Kinder durch ihre Erziehung so gut wie möglich auf das Leben vorzubereiten, sie vor Gefahren zu schützen und ihnen ein angemessenes Verhalten beizubringen. Sie fördern ihre Kinder meist mit bester Absicht so, dass sie fähig sind, sich als Menschen mit individuellen Fähigkeiten in die Gesellschaft zu integrieren.

Spätestens in der Pubertät will das Kind seine eigene Identität entwickeln. Es versucht, seine ihm entsprechende Richtung zu finden, und sich von der elterlichen Autorität zu lösen.

In diesem Prozess des Erwachsenwerdens machen wir die Erfahrung, dass unsere Gefühlseinstellungen und Empfindungen auf weit in die Kindheit zurückreichende Identifikationen mit dem Denken der Eltern gründen und sie mit unserem eigenen, später entstandenen Denken gar nicht so leicht zu vereinbaren sind. Im Gegenteil: Obwohl wir bewusst längst eigene Werte entwickelt haben und diejenigen der Eltern als überholt und altmodisch ansehen, ertappen wir uns dabei, wie leicht wir alten, überwunden geglaubten Denk- und Empfindungsmustern verfallen.

Geschichte

Als ich ein kleiner Junge war, fuhren jedes Jahr Roma mit ihren großen Kastenwagen in unser Dorf ein, um hier ihre Korbwaren zu verkaufen. Wie im Flug verbreitete sich die Kunde ihrer Ankunft. Alle Bewohner des Dorfes rannten, um ihr Hab und Gut in den Scheunen und Häusern zu verstecken. Die Hühner durften ihren Stall und die Kinder das Haus nicht mehr verlassen, weil man sich erzählte, dass Roma stehlen und alles, was nicht eingesperrt ist, auf Nimmerwiedersehen verschwinde. Die Roma gingen mit ihren Körben von Haus zu Haus und verkauften, was sie im Winter hergestellt hatten. Manchmal bezahlten die Einheimischen mit Naturalien im Tauschhandel, manchmal mit Geld. Erst am Tag nach deren Abreise durften Kinder und Tiere wieder aus dem Haus.
Meine Prägung: Roma stehlen.

40 Jahre später:
Ich bin Lehrer an einer Schule für Erwachsene. Am ersten Schultag stellen sich die Schüler vor und erzählen aus ihrem Leben. Eine Schülerin erklärt, dass sie Roma sei und seit einigen Jahren hier wohne. Bei mir läuten alle Glocken Alarm: ... STEHLEN ... In mir entsteht ein innerer Konflikt: Muss ich jetzt die Schüler darauf aufmerksam machen, dass Roma stehlen und sie deshalb aufpassen sollen? Mir ist bewusst, dass ich ihrem Ruf schaden würde und sie keine Chance hätte, sich zu integrieren, also bin ich still. Insgeheim weiß ich, wer ver-

dächtigt wird, wenn in nächster Zeit etwas verschwindet. 14 Tage nach Schulbeginn kommt die Roma und erklärt mir, dass sie ihren Eltern von meinem Unterricht erzählt habe und dass diese mich kennenlernen wollen. Ihre Familie feiere am Samstag ein großes Fest, dazu würde sie mich gerne einladen. Mein Blutdruck steigt und ich spüre Angst in mir. Trotzdem kann ich die Einladung nicht abschlagen. Am Samstag, auf dem Weg zum Fest, habe ich wieder Herzrasen und denke: „Augen zu und durch." Beim Eingang des Festsaales stehen die Schülerin und ein paar andere Leute. Mit freundlicher Geste holt mich die Schülerin ab, stellt mich ihren Eltern und Verwandten vor und schon bin ich mitten in der Festgemeinschaft. Alle sind sehr freundlich, es wird gegessen, getanzt, gesungen, die Musik spielt in einer Fröhlichkeit, die ich so nicht kenne. Diese Stimmung geht mir durch Mark und Bein. So viel Freiheit, Fröhlichkeit und Unbeschwertheit habe ich in meinem ganzen Leben noch nie erfahren. Es ist schöner als jede Erzählung von diesen rauschenden Festen. Auf dem Nachhauseweg bin ich durch und durch erfüllt von einem unbeschreiblich leichten Gefühl und ich weiß, dass Roma nicht mehr stehlen als manch andere Bürger. Sie sind gastfreundlich und freigiebig, wie ich das nicht gekannt habe. Ich bin vom ersten Moment unserer Begegnung wie einer von ihnen behandelt worden. Wenn ich heute das Wort „Roma" höre, spüre ich als erstes die Angst und denke an Stehlen, erst im zweiten Augenblick erinnere ich mich an das rauschende Fest und die Gastfreundschaft. Ich weiß dann, dass Roma Menschen wie du und ich sind. Trotz meines eindrücklichen Erlebnisses mit den Roma ist die elterliche Erstinformation tiefer in mir verankert als meine eigene Erfahrung.

Entwicklung heißt also nicht, alles Gelernte zu vergessen; vielmehr geht es darum, die alten mit den neuen Erfahrungen zu verbinden und zu vergleichen, sie zu ergänzen, um zu einem eigenen, individuellen Denken zu gelangen. Wenn wir das nicht schaffen, bleiben wir in der anerzogenen, autoritätshörigen Normalität stecken.

Die Loslösung von der elterlichen Autorität ist also für die Persönlichkeitsbildung entscheidend. Und gleichzeitig sehen wir an der Geschichte mit der Roma-Schülerin, wie tief wir auch noch als Erwachsene im Denken *in unseren Kinderschuhen stecken,* wie schnell nicht bearbeitete Ängste und Affekte aus der Kindheit in uns lebendig werden und sich mit aller Macht gegen das *bewusste Ich* durchzusetzen versuchen.

Aber die Geschichte zeigt uns auch, dass der Mensch imstande ist, vom kindlichen Denken Abstand zu nehmen. Diese Freiheit, die erst in der Pubertät erworben wird, können wir aber im Alter in der Demenz wieder verlieren.

Was dann bleibt, ist– wie es die Methode der Validation fordert – die dementierenden Menschen in ihrer Prägung und in ihrer *Gewordenheit* zu respektieren. Validationsanwender holen Dementierende mit Verständnis da ab, wo sie sich im Moment befinden.

1.3 Faktoren, die zu einer Mehrbelastung im Alter führen

1.3.1 Körperliche Faktoren

(wie Gehbehinderung, Inkontinenz, Schwerhörigkeit)

Körperliche Erkrankungen können Ursache oder Folge einer psychischen Störung sein. Beispielsweise kann eine Herzschwäche zu einem gestörten Hirnstoffwechsel und somit zu Verwirrtheitszuständen führen. Umgekehrt können körperliche Leiden als Folge von psychischen Störungen auftreten, von denen dann der Verlauf der psychischen Störung negativ beeinflusst wird. Es kann zum Beispiel zu körperlichen Leiden kommen, wenn durch eine depressive Verstimmung Essen und Hygiene vernachlässigt werden. Infolge von Austrocknung oder Unterzuckerung kann zu der depressiven Verstimmung zusätzlich noch ein Verwirrtheitszustand hinzukommen. (Vgl. Bellinger 2002, S. 10ff.)

1.3.2 Seelische Faktoren

(wie Einsamkeit, Trauer, Depression)

» Trauer: Je älter wir werden, umso mehr Menschen sterben in unserer Umgebung. Die Überwindung der Verluste kann langwierig und einschneidend sein. Wenn der Lebenspartner stirbt, muss der Überlebende sich mit Kummer, Verzweiflung, Mutlosigkeit und vielleicht auch mit Schuldgefühlen auseinandersetzen. Die Trauerarbeit kostet viel Kraft.

» Bewältigung des Älterwerdens: Wir müssen uns alle damit abfinden, dass das Leistungsvermögen im Laufe des Lebens langsam abnimmt. Manchen Menschen fällt diese Anpassung sehr schwer, sie erleben den Prozess des Alterns als Kränkung und kämpfen gegen diese Zumutung.

» Verlust der Zukunftsperspektive: Viele Ältere rechnen mit ihrem baldigen Tod. Das Alter ist die Zeit, in der wir Bilanz ziehen: „Wie war mein Leben?" Die Bilanz fällt nicht immer erfreulich aus und den alten Menschen bleibt oft keine Zeit oder keine Möglichkeit mehr, Schaden wiedergutzumachen oder Versäumtes nachzuholen. (Vgl. Bellinger 2002, S. 10ff.)

1.3.3 Gesellschaftliche Faktoren

(Ausgrenzung und *Abgeschobenwerden*)

» Verlust der bezahlten Arbeit: Der Verlust der Arbeit und der gesellschaftlichen Rolle wird von den meisten Menschen als Statusverlust erlebt. Statt Geschäftsmänner, Lehrer oder Metzger sind sie nun Rentner, fühlen sich nicht mehr gebraucht und empfinden sich und ihr Leben als nutzlos.

» Einstellung der Gesellschaft zum Alter: Auch vonseiten der Gesellschaft verlieren ältere Menschen ihren gesellschaftlichen Stellenwert. Altsein ist out. Ältere Menschen erleben sich als Belastung und nicht als Mitglieder der Gesellschaft.

» Verlust von Kontakten: Die Altersgenossen im Freundes- und Familienkreis sterben allmählich, Vereinsamung und Isolation sind die Folge.

» Verlust der vertrauten Umgebung: Wenn die Hilfsbedürftigkeit zunimmt, müssen viele ältere Menschen ihr vertrautes Umfeld verlassen und zu den Kindern oder in ein Heim ziehen. Das Wissen über die Kosten, die sie verursachen, erzeugt Schuld und Scham. (Vgl. Bellinger 2002, S. 10ff.)

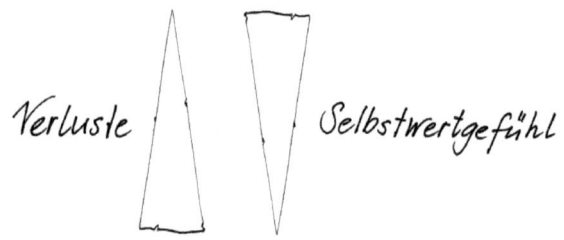

Dynamik Verluste - Selbstwertgefühl, E. Feurstein

Wenn Verluste größer werden, nimmt das Selbstwertgefühl ab.

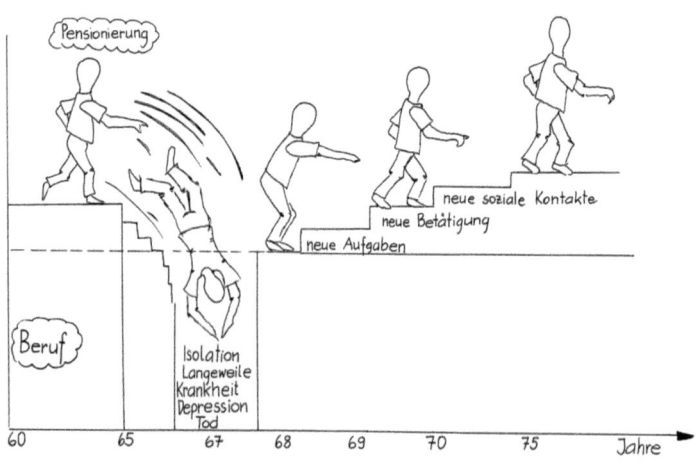

Pensionsvorbereitung, E. Feurstein

1.4 Selbstbestimmung im Alter

Brauchen alte Menschen ein Selbstbestimmungsrecht?

Ob ein Mensch die Selbstbestimmung benötigt oder nicht, resultiert aus seiner Lebensgeschichte. Es stellt sich die Frage: Wie hat dieser Mensch seine Selbstbestimmung bis jetzt gelebt und hat oder will er diese Art beibehalten oder will er sich im hohen Alter noch verändern?

Geschichte

Eine Mutter hat einen Sohn. Sie liebt ihn über alles und versucht ihn vor all dem Bösen auf der Welt zu schützen. So geht sie in den Kindergarten, um mit dem kleinen Jungen, der gestern ihrem Sohn den Bagger aus der Hand gerissen hat, zu schimpfen. Sie beschimpft auch die Kindergartenpädagogin und erklärt dieser, dass sie besser auf die Kinder aufpassen solle. Ähnliches macht sie später in der Schule mit den Lehrern, mit den Lehrherren ihres Sohnes und an dessen späterer Arbeitsstelle. Als der Junge eine Freundin findet, muss er sich entweder für die Mutter oder für die Freundin entscheiden, denn beide wollen ihn beschützen, aber keine will, dass die andere mitredet. Der Sohn entscheidet sich für die Freundin. Wie geht es wohl der Mutter jetzt?

Der Sohn heiratet die Freundin. Die Ehefrau macht sich zur Aufgabe, ihren Mann vor allem Bösen dieser Welt zu beschützen. Als der Mann an seinem Arbeitsplatz um eine Gehaltserhöhung fragt, die abgelehnt wird, sucht sie dessen Chef auf und erklärt ausführlich, warum ihr Mann die Gehaltserhöhung verdient ...

Reflexion zur Geschichte

Was glaubst du: Wünscht dieser Mann im Alter Selbstbestimmung, wenn Mutter und Ehefrau gestorben sind?

Antwort

Trotz der eindeutigen Geschichte kann man diese Frage nicht eindeutig beantworten. Vielleicht will er jetzt Verantwortung für sich übernehmen und sein Selbstbestimmungsrecht nachholen oder er verhält sich nach seinem alten Muster und ist mit der Möglichkeit zur Selbstbestimmung überfordert.

Ein anderer Mann, der schon früh von seiner Mutter zur Selbstständigkeit erzogen wurde und auch in seiner Familie selbstverständlich alle Entscheidungen getroffen hat, erkrankt an Demenz. Was glaubst du? Will er, dass ihm eine Pflegerin ständig nachläuft und ihm sagt, was gut für ihn sei, was er zu tun habe?

Auch hier kommt es ganz darauf an, wofür er sich in seiner neuen Situation entscheidet. Vielleicht bringt er in der Demenz den Wunsch nach passivem Versorgtwerden hervor oder er möchte sich, wie gewohnt, von keinem eine Entscheidung abnehmen lassen und reagiert mit Abwehr, wenn Pflegende ihn unterstützen wollen.

2

ALZHEIMER-DEMENZ

Wo liegt der Unterschied?

Demenz lässt sich übersetzen mit *der Geist geht weg* oder *ohne Geist*, und bedeutet, dass der Mensch nicht mehr abstrakt denken kann.

Jeder von uns kennt die Redewendung „Der Apfel fällt nicht weit vom Stamm" und weiß, was damit gemeint ist. Ein Mensch mit Demenz versteht zwar, was er hört, kann aber den Sinn dieser Aussage nicht erkennen, er kann nicht mehr abstrakt denken. Das Gehörte bedeutet für ihn: Der Apfel ist vom Baum gefallen und liegt nun neben dem Stamm.

Im weiteren Verlauf von Demenz kann er sogar sein Selbstbild verlieren. Er weiß dann nicht mehr, wer er ist, und erkennt sein eigenes Spiegelbild nicht mehr.

Alzheimer und Demenz beziehen sich aufeinander wie ein Apfel zum Obst (ein Apfel ist Obst, aber nicht alles Obst ist ein Apfel). *Demenz* ist der Überbegriff für verschiedene Arten von Demenz wie Alzheimer, vaskuläre Demenz, Multiinfarktdemenz, Lewy-Body-Demenz und viele mehr.

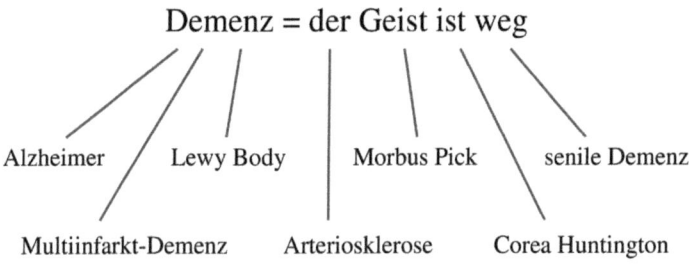

Gliederung der Demenz, selbst erstellt

2.1 Definition aus medizinischer Sicht

Unter *Demenz* versteht man eine erworbene Hirnleistungsschwäche. Es kommt zu fortschreitenden Ausfällen von

» Gedächtnis und Merkfähigkeit,
» Orientierung und
» Kritik- und Urteilsfähigkeit.

Dabei verändert sich auch die Persönlichkeit und das führt zu Störungen in den zwischenmenschlichen Beziehungen, so dass eine Demenz immer auch als *Erkrankung der Angehörigen* zu sehen ist.

Nach längerem Krankheitsverlauf
» zerfallen praktische Fähigkeiten wie Ankleiden, Gehen, Essen, Lesen, Sprechen,
» kommt es zum Verlust der Autonomie,
» folgt eine völlige Abhängigkeit von Betreuungs- und Pflegepersonen,
» tritt der Tod ein.

Im letzten Stadium der Erkrankung
» liegt der Patient reglos im Bett,
» ist er unfähig zu verbalen Äußerungen,
» ist er inkontinent,
» ist er völlig auf fremde Hilfe angewiesen.

Der Verlauf einer Demenz ist
» chronisch fortschreitend,
» kann durch medizinische Maßnahmen nicht rückgängig gemacht werden
» und endet meist innerhalb von fünf bis zehn Jahren tödlich.
» Todesursachen sind häufig Pneumonien (Lungenentzündungen) nach Aspiration (Verschlucken) und Kachexie (Abmagerung, Auszehrung) bei Nahrungs- und Flüssigkeitsverweigerung oder Herz-Kreislaufversagen.

Die Betreuung Dementierender ist aufgrund der Persönlichkeits- und Verhaltensstörungen oft sehr nervenaufreibend und schwierig. Das Fortschreiten ist trotz intensiver pflegerischer und therapeutischer Bemühungen seelisch sehr belastend und führt gerade bei pflegenden Angehörigen nicht selten zur Dekompensation. (Vgl. Bellinger 2002, S. 54ff.)

Während der Körper im Laufe des Lebens mehr oder weniger abgenutzt, sklerotisch und gebrechlich wird und der Geist langsam schwindet, bleibt die Seele, *die Kindheitspsyche*, in der Demenz erhalten. So knüpfen wir in der Validation an die unversehrt gebliebenen seelischen Kräfte an und kümmern uns darum, möglichst lange mit ihnen in Beziehung – in Verbindung – zu bleiben.

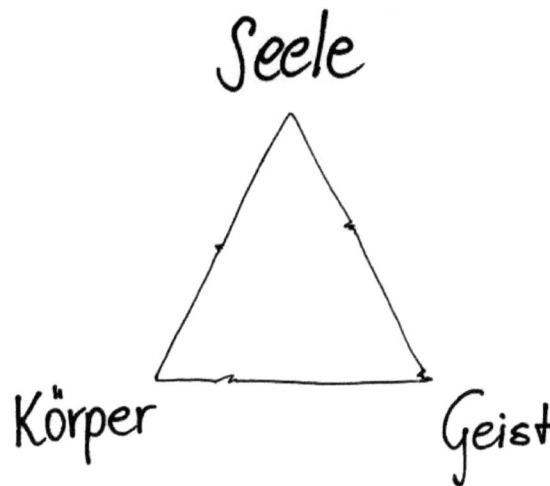

Körper, Geist und Seele, E. Feurstein

2.2 Vier Dimensionen der Desorientierung

2.2.1 Räumliche Desorientierung

Der Dementierende
» kann seinen Geburtsort nicht benennen,
» kann keine zutreffenden Aussagen über seinen derzeitigen Aufenthaltsort oder Wohnort machen,
» kann die Postanschrift seiner Wohnung nicht nennen,
» weiß nicht, wo sich seine Arbeitsstelle befindet,
» kann auch keine Wegbeschreibungen zu ihm bekannten Orten angeben,
» nimmt seine Umgebung als fremd wahr,
» findet Gegenstände nicht, versteckt sie, fühlt sich bestohlen (glaubt, man stehle ihm das Denken),
» verfehlt angegebene Richtungen und verläuft sich,
» fragt ständig, wo er sich und wo sich etwas befindet,
» zeigt sich verängstigt, irrt herum, sucht etwas ihm Vertrautes oder sitzt ruhig da, um sich nicht zu verirren. (Vgl. Pflegewiki, Orientierung 2012)

2.2.2 Zeitliche Desorientierung

Der Dementierende
» kann keine Angaben über die aktuelle Tageszeit, den bestehenden Tagesabschnitt oder das aktuelle Datum machen,
» kann nicht bestimmen, wie lange er sich in einer Situation oder an einem Ort befindet,
» kann keine Aussagen über den Verlauf und die Dauer von Ereignissen treffen,
» kann den derzeitigen Monat oder die jeweilige Jahreszeit nicht bestimmen,
» weiß über bevorstehende Ereignisse und ihre Bedeutung nicht Bescheid,

- » verwechselt Daten und Termine,
- » zeigt sich verunsichert,
- » zeigt einen veränderten Tag-Nacht-Rhythmus
- » und verwechselt lebende und verstorbene Personen. (Vgl. Pflegewiki, Orientierung 2012)
- » Ständig wiederkehrende Rituale geben Sicherheit:
  - » Alltagskleidung, Sonntagskleidung
  - » Feiertage, Trauertage
  - » Wechsel der Jahreszeiten oder wiederkehrende Ereignisse im Jahresablauf dekorieren (Advent, Ostern und Ähnliches)
  - » Essrituale (freitags fleischlos, Sonntagsfrühstück)
  - » Morgen- oder Abendgebete usw. (Vgl. Scharb 1996)

2.2.3 Personelle Desorientierung

Der Dementierende
- » kann seinen Familiennamen, Vor- und/oder Geburtsnamen nicht benennen,
- » weiß seinen Familienstand nicht,
- » weiß sein Geburtsdatum und/oder sein Alter nicht,
- » kann keine Auskunft über seinen erlernten Beruf geben,
- » kann keine Angaben darüber geben, ob und wie viele Personen im Haushalt leben,
- » weiß nicht, ob und wie viele eigene Kinder existieren,
- » zeigt sich verstört und sucht das Gefühl der Mutter (Liebe).

Die Logik unserer Denk- und Wahrnehmungsmuster ist in der Demenz ähnlich der eines Kindes. Beispielsweise suchen Dementierende die Mutter, wenn sie sich nicht geliebt und geborgen fühlen, obwohl diese schon vor langer Zeit gestorben ist. In diesem Fall ist es die Sehnsucht nach der Mutter, die die zeitlich verschobene Wahrnehmung bestimmt. Wenn sie sich durch Menschen in ihrer Umgebung überfordert fühlen, kann es passieren, dass sie selbst mit ihren nahen Angehörigen in einem sehr unpersönlichen Ton sprechen: „Was machen Sie in meinem

Zimmer? Verlassen Sie sofort diesen Raum!" Hilfreich für diese Menschen ist der Aufbau einer vertrauensvollen, fürsorglichen Interaktion. (Vgl. Scharb 1996)

2.2.4 Situative Desorientierung

Der Dementierende
» kann Gründe für derzeitigen Aufenthalt oder für die gegenwärtige Situation nicht benennen,
» kann keine Auskunft über die Art und Weise seiner Her- und Ankunft geben,
» kann Eigenschaften von Dingen nicht beschreiben,
» kann Funktionen und Positionen von Menschen nicht zuordnen,
» kann Gebrauchsgegenstände nicht bestimmen und unterscheiden
» oder zeigt sich ratlos.

Die Dementierenden erleben ihre Situation, sind aber nicht fähig, ihre Lage zu begreifen, was wiederum als stark existenzbedrohend erlebt wird.

Länger dauernde zeitliche Orientierungslosigkeit führt zum Verlust der ICH-Identität. (Vgl. Scharb 1996)

2.3 Demenz-Merksätze

„Demenz – Für viele ist es das schlimmstmögliche Ende: das Leben zu verlieren, lange vor dem Tod. … Vom Menschen bleibt nur mehr eine Hülle, der man den Tod wünscht, um dem langsam schleichenden Sterben ein Ende zu geben."

„Kaum ein Schicksal wird so gefürchtet wie jahrelang im Siechtum der demenziellen Veränderung in einem Pflegeheimbett zu liegen."

„Lieber lahm, blind oder besser gleich tot – nur kein Versinken im ewigen Vergessen."

„So werden demenziell veränderte Menschen als dumpf dahindämmernde Hülle beschrieben. Das Leben wird ihnen abgesprochen und man redet vom lebenden Toten."

„Die Medien erzeugen Angst und Abwehr, wenn sie die Demenz als bösartige Krankheit beschreiben, die den Menschen als Person auslöscht. Diese Meinung entsolidarisiert und grenzt demenziell veränderte Menschen aus und lässt die Frage zu, ob dieses vegetierende, menschenunwürdige Leben erhaltenswert sei." (Wißmann/Gronemeyer 2008, S. 20ff.)[2]

Was weiß die Medizin über Demenz?

„Es sind keine eindeutigen Ursachen oder Entstehungsgeschichten der Demenz bekannt."

„Wo keine gesicherten Kenntnisse zu Ursachen und Entstehung vorliegen, kann es auch keine kausale Therapie und Heilung geben."

„Der einzige gesicherte Risikofaktor ist das Alter."

Wobei die Menschen mit der Diagnose „Demenz" immer jünger werden

„Medikamentöse Behandlung der demenziellen Veränderung wird immer mehr in Frage gestellt."

„In jüngster Zeit wurden vermehrt wissenschaftliche Untersuchungen und Positionen veröffentlicht, in denen die Wirksamkeit der Medikamente in Zweifel gezogen und auf die mangelhafte Qualität bisheriger Studien verwiesen wird."

„Meist werden Medikamente zur Therapie von psychischen Begleiterscheinungen der Demenz verschrieben (Neuroleptika, Antidepressiva, Hypnotika und Tranquilizer). Diese Medikamente sind nicht demenz-

spezifisch, sondern wirken gegen die Verhaltensweisen, die von der Umwelt als störend und gefährdend eingeschätzt werden. Die Haupt- und die Nebenwirkungen können gravierend sein, deshalb muss sorgfältig damit umgegangen werden." (Wißmann/Gronemeyer 2008, S. 24ff.)[2]

2.3.1 Ist Demenz eine Krankheit?

Udo Baer sieht die Demenz als einen Erlebensprozess an: Auch in der Neurowissenschaft werde der Blick von der Denkstörung immer mehr auf die sozialen, emotionalen und anderen Aspekte des Erlebens und Verhaltens erweitert. (Vgl. Baer 2007, S. 33) Für Naomi Feil ist der Rückzug hochbetagter Menschen in ihre Vergangenheit keine Geisteskrankheit und kein Gebrechen, sondern eine Form des Überlebens. (Vgl. Naomi Feil, 1990, zitiert nach Scharb 1999, S. 1)

2.3.2 Ist Alzheimer ein normaler Alterungsprozess?

In der Literatur wie in Berichten und Geschichten tauchen immer wieder senile und sinnesgeschwächte Greise auf, deren Verhalten niemand mit einer Krankheit identifiziert hat. (Vgl. Wißmann/Gronemeyer 2008, S. 35)

Die Choctaw-Indianer begegnen Menschen, die ihr Verhalten im Alter verändern, mit mystischer Ehrfurcht. (Vgl. Wißmann/Gronemeyer 2008, S. 37)

Auch Amerikaner asiatischer oder pazifischer Abstammung sehen Demenz als nicht behandelbaren, natürlichen Alterungsprozess und afroamerikanische Pflegende weisen im Vergleich mit einer weißen Untersuchungsgruppe ein geringeres Belastungserleben auf.

Dem herausfordernden Verhalten von dementierenden Menschen wird in Entwicklungsländern eine sehr hohe Toleranz entgegengebracht. (Vgl. Wißmann/Gronemeyer 2008, S. 37f.)

Verschiedene alte Kulturen ehren demenziell veränderte Menschen. Die Inuit glauben, dass bei Menschen mit Demenz der Geist den Körper verlasse, in eine heilige Sphäre eintrete und neu wirke.

Es stellt sich die Frage, was ein Phänomen wie die Demenz einer Gesellschaft wie der unsrigen zu sagen hat und wie wir den Umgang mit dieser Bevölkerungsgruppe würdig gestalten können. (Vgl. Wißmann/Gronemeyer 2008, S. 22)

Vielleicht müssen wir trotz des enormen wissenschaftlich-technischen Fortschritts anerkennen, niemals vollständig über das Leben verfügen zu können. Diese Situation anzunehmen, statt die unter Demenz leidenden Personen auszugrenzen oder ihre Existenz zu verleugnen, könnte eine tragfähige Grundlage für einen würdigen Umgang mit Menschen, die die Fähigkeit und den Wunsch, Selbstverantwortung zu übernehmen, verloren haben, sein.

> *„Wir sehen die Dinge nicht wie sie sind*
> *sondern so wie wir sind.“*
> Anais Nin[3]

2.3.3 Ein Gedanke zur Vorsorge

Dementierende als „Heilige"	
Wie leben Dementierende? **Plussymptomatik**	**Wie leben wir?** **Minussymptomatik**
Ruhe	Stress
Genügsamkeit	Konsumverhalten
Den Augenblick leben	Verplantheit
Langsamkeit	Hektik, Schnelllebigkeit
Stille	Lärm
Zufriedenheit	Unzufriedenheit
Selbstbestimmtheit	Fremdbestimmung
Gefühl	Denken/Logik
Der Moment ist wichtig	Zukunft/Vergangenheit
Sehnsucht	**Überdruss**
Könnte ein relativer Ausgleich zu einem Leben ohne Demenz verhelfen?	

Ein Gedanke zur Vorsorge

Das Yin-Yang-Symbol zeigt die Ausgeglichenheit der Plus- und Minussymptomatik, nach der wir streben.

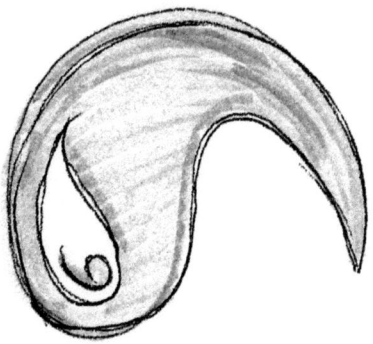

Yin Yang-Zeichen E. Feurstein

In Wirklichkeit leben wir in einer Unausgeglichenheit der Minussymptomatik. Aus Zeitungen sowie aus dem Radio, Fernsehen und Internet erfahren wir viele Negativnachrichten.

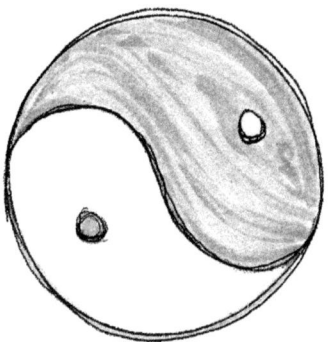

Yin Yang-Zeichen E. Feurstein

Mit den positiven Lebensaspekten beschäftigt sich nur der, der sie direkt sucht.

„Sage mir, mit wem du umgehst, so sage ich dir, wer du bist;
weiß ich, womit du dich beschäftigst, so weiß ich,
was aus dir werden kann."

Johann Wolfgang von Goethe[4]

Die angeführte Plussymptomatik dementierender Menschen entspricht in den letzten Jahren immer mehr den Sehnsüchten stressgeplagter Menschen. Und trotzdem versuchen wir, diese Menschen mit verschiedenen Betreuungsmethoden auf unser Denkniveau zurückzuholen. Sind Dementierende unsere Lehrmeister, die wir nicht als solche erkennen?

Geschichte

Der Affe und der Fisch – eine Rettung in letzter Sekunde

Pflegepersonen verhalten sich manchmal wie dieser Affe, der auf dem Baum sitzt. Er sieht einen Fisch im Wasser schwimmen und denkt: „Hilfe, er ertrinkt, wenn ich ihn da nicht heraushole."

Der Affe und der Fisch 1, E. Feurstein

So hüpft er vom Baum, springt ins Wasser und rettet den armen Fisch vor dem Ertrinken.

Der Affe und der Fisch 2, E. Feurstein

Wieder auf dem Baum sitzend gibt er ihm ein Stück seiner Banane zur Stärkung und wundert sich, dass sich der Fisch nicht darüber freut.

Der Affe und der Fisch 3, E. Feurstein

Dementierende Menschen sind wie die Fische in der kleinen Erzählung – sie leben in einer anderen Wirklichkeit. Sie wollen und können nicht in unsere Realität gerettet werden, weil sie aufgrund ihres verloren gegangenen Denkvermögens an den Überreizungen der Gesellschaft ersticken würden.

Wenn der Affe dem Fisch etwas Gutes tun will, sollte er zu ihm ins Wasser eintauchen, eine Zeit lang mit ihm verbringen und früh genug das Wasser wieder verlassen, wenn er spürt, dass ihm die Luft ausgeht. Er kann sich dann ans Ufer setzen und die Beine ins Wasser halten, damit sich der Fisch mit den Wellen, die seine Zehen schlagen, vergnügen kann. Will oder muss der Affe aber längere Zeit im Wasser bleiben, sollte er sich einen Schwimmreifen oder ein Schlauchboot zulegen, um sich länger in der Nähe des Fisches aufhalten zu können.

In der Begleitung von demenziell veränderten Menschen ist das genauso. Wenn eine Betreuungsperson Dementierende aus ihrer Welt herausholen will, sind diese Menschen völlig überfordert. Sie wehren sich, schreien oder schimpfen. Die Betreuer wiederum können das nicht verstehen und deuten das Verhalten als Undankbarkeit für ihre Unterstützung.

Dieses Eintauchen in die Welt der Demenz ist eine große und anstrengende Herausforderung, die wir als Pflegende nur kurze Zeit gut aushalten. So brauchen auch wir Rettungsboote oder Schwimmreifen, wenn wir uns längere Zeit mit Dementierenden beschäftigen.

Erich Schützendorf beschreibt in seinem Buch „Wer pflegt, muss sich pflegen" Maßnahmen, die Pflegende treffen können:

Belobigungsecken, Zuhörecken, Entschleunigungs-Parcours, Entspannungsnischen, Atmungsstationen, Meditation, Belobigungsspiegel, Rückzugsräume, Lachräume, Windspiele, Bälle balancieren, Sandkisten, Wassersäulen, Hängematten, Kuscheltiere, Kumquats-Sprechpuppen, Sanduhren, Orff-Instrumente, Zaubervorhänge, Paradox-Spiegel und Ähnliches (Vgl. Schützendorf 2006, S. 69ff.)

VERSTÄNDNISMODELLE

3.1 Existenzielle Erfahrungen

Erfahrungen aus der Vergangenheit können eine tiefe Bedeutung dafür haben, wie jemand in der Gegenwart empfindet und denkt.

Existenzgefährdende Erfahrungen	Existenzfördernde Erfahrungen	Existenzfördernde oder existenzgefährdende Erfahrungen
Verlust von Unabhängigkeit	Wiedergewinn von Unabhängigkeit	Wiedergewinn von Unabhängigkeit
Sorge/Angst	Zuversicht/Freude	kulturgebundene Erfahrungen, wie Weltanschauung, Glaube und Religionsausübung
Misstrauen	Vertrauen	
Trennung	Integration	
Isolation	Sicherheit	lebensgeschichtliche Erfahrungen
Ungewissheit	Hoffnung	
Hoffnungslosigkeit	Wohlbefinden	
Schmerzen/Sterben	Sinn finden	
Langeweile		

Erfahrungen (Krohwinkel 2011)

Wir alle haben Erfahrungen im Leben gemacht, die positive oder negative Auswirkungen gezeigt haben. In emotional ähnlichen Situationen knüpfen wir unbewusst an die vergangenen Erlebnisse an, nach deren Vorbild wir die aktuelle Situation auffassen.

Die gemachten Erfahrungen beeinflussen die Zufriedenheit, das psychische Wohlbefinden und die körperliche Verfassung in der Jetztzeit. (Vgl. Krohwinkel 2011)

3.2 Fünf Säulen der Identität

Unsere Ich-Identität ruht auf fünf Säulen. Inhalt und Bedeutung der einzelnen Säulen sind bei jedem Menschen unterschiedlich gewichtet. Unbesetzte Säulen zeigen einen Verlust, der die Ich-Identität negativ beeinflusst. Wenn wir diese fünf Säulen der Identität in Bezug auf einen bestimmten Menschen näher betrachten, erhalten wir eine gute Momentaufnahme vom gegenwärtigen Status seines Ichs. Wir müssen uns aber bewusst sein, dass die einzelnen Bestandteile dieses Ist-Zustandes bei einer Änderung der individuellen Lebensumstände einen ganz anderen Stellenwert erhalten können.

3.2.1 Säule der Leiblichkeit

Was braucht der Mensch, um sich körperlich, psychisch und geistig gesund zu fühlen? Hier gelten für jeden Einzelnen natürlich unterschiedliche Kriterien (Sport, gesundes Leben, bewusste Ernährung, guter Schlaf, ausgewogenes Sexualleben und anderes).

3.2.2 Säule des sozialen Umfelds

Wer gehört zu diesem Umfeld? Welche Familienangehörigen, welche Freunde und Bekannte sind diesem Menschen wichtig? (Kollegen, Sportkameraden, Vereinskollegen und andere)

3.2.3 Säule der Arbeit und Leistung

Wann hat dieser Mensch das Gefühl, dass er erfolgreich ist? Wo bekommt er Anerkennung? Hierzu zählt die Freude an der Arbeit, die ein Mensch braucht, um sich ausgeglichen zu fühlen. Wie wichtig Arbeit und Leistung sind, sieht man auch daran, dass viele Menschen, wenn sie ihre Arbeit verlieren, eine Identitätskrise erleiden. Dies gilt auch oft für Menschen, die in Pension gehen („Pensionsschock").

3.2.4 Säule der materiellen Sicherheit

Wir sagen oft (aus uns anerzogener Bescheidenheit), dass uns materielle Dinge nicht so wichtig sind. Wenn wir aber die Miete nicht bezahlen, uns den Friseur nicht leisten oder Heizkosten und tägliche Bedürfnisse nicht finanzieren können, dann merken wir, wie sehr wir bis zu einem gewissen Grad materielle Sicherheit brauchen. Wir müssen uns sicher sein, dass wir, wenn wir krank sind, nicht nur von einem sozialen Netz aufgefangen werden, sondern auch materiell abgesichert sind. Der eine findet im Sparbuch diese materielle Sicherheit, der andere im sicheren Arbeitsplatz oder in der sicheren Rente. Unsere materiellen Ansprüche mögen bescheiden sein, aber wenn unsere Mittel unter diesen Anspruch sinken, dann geraten wir sowohl in eine finanzielle als auch in eine seelische Krisensituation.

3.2.5 Säule der Werte

Jeder Mensch hat für seinen Lebensinhalt, seinen Lebenssinn und seine Lebensphilosophie ganz persönliche Werte, deren Beeinträchtigung für ihn eine ernste Lebenskrise auslösen kann. Der Sinn des Lebens kann in einer Liebesbeziehung zu einem anderen Menschen bestehen. Im Vertrauen zu sich selbst oder zu anderen kann der Glaube für ihn ein hoher Wert sein oder die

Zugehörigkeit zu einer politischen oder weltanschaulichen Gemeinschaft. Wenn der Sinn des Lebens verloren geht, können Identitätseinbußen entstehen.

Die fünf Säulen verschieben sich in Wert und Inhalt während des gesamten Lebens und sind abhängig vom Alter und von der Lebenssituation. Wenn eine Beziehung in die Brüche geht, wird die Säule des sozialen Umfeldes ihren bisherigen Stellenwert verändern, wenn jemand die Arbeit verliert, wird die Säule der materiellen Sicherheit neu positioniert werden, und wenn jemand schwer erkrankt, wird die Säule der Leiblichkeit eine neue Bedeutung bekommen. Wenn eine der Säulen zu stark vernachlässigt wird, kann die Identität Einbußen erleiden.

Im Pflegemodell der Validation liegt der Schwerpunkt der Arbeit in der Anerkennung und Befriedigung der psychosozialen Grundbedürfnisse hochbetagter Menschen.

Das unten dargestellte Raster der fünf Säulen wird daher in der Validation bei der Erhebung des Ist-Zustandes eines Klienten als wesentliche Grundlage verwendet. Was hat seine Identität, sein Selbstverständnis ausgemacht, wie waren früher die in den fünf Säulen veranschaulichten Elemente seiner Identität ausgefüllt und befriedigt? Was ist von all dem heute noch übrig geblieben?

Unter Zugrundelegung der so erhobenen Daten können wir dann validierende Pflegemaßnahmen bestimmen, die dazu beitragen, die Säulen der Identität zumindest teilweise wieder aufzufüllen. Wir werden bei jener Säule mit den Maßnahmen beginnen, die keinen oder fast keinen Inhalt mehr aufweist. (Vgl. Petzold 2004)

Was ist mir im Leben wichtig?

Säule der Leiblichkeit	Säule des sozialen Umfeldes	Säule der Arbeit und Leistung	Säule der materiellen Sicherheit	Säule der Werte
Körperliche, psychische und geistige Gesundheit	Familie und Freunde	Erfolg, Anerken- nung, Freude an der Arbeit	gewisser Wohlstand	Liebe, Ver- trauen, Geborgen- heit, Glaube

Säulen der Identität, Petzold 2004

3.3 Maslowsche Bedürfnispyramide

In unserer Konsumgesellschaft lassen sich fast alle materiellen Wünsche relativ leicht erfüllen. Die psychosozialen Bedürfnisse nach Sich-sicher-Fühlen und Anerkennung hingegen treten oft in den Hintergrund. Doch *ein Mensch wird ein Mensch nur durch andere Menschen*. In einem afrikanischen Zitat der Zulu heißt es: *„Was nützt uns alles ‚Haben‘, wenn wir darin das ‚Sein‘ verlieren?"* Desorientierte Menschen suchen dieses Gefühl, wertvoll und wichtig zu sein.

Die Maslowsche Pyramide als Modell für desorientierte, alte Menschen:

Bedürfnisse	Erfüllung
Bedürfnis nach Selbstverwirklichung: das eigene Potential vollständig realisieren	Lösung: Wenn der Mensch spürt, dass er so angenommen wird, wie er ist, kann er in Frieden sterben.
Ästhetische Bedürfnisse: Symmetrie, Ordnung und Schönheit	Lösung: Das Angenommensein und Gefördertwerden trotz Defizite wie Sehstärke, Hörvermögen, Beweglichkeit und Versagen der Gedächtnisleistung
Kognitive Bedürfnisse: verstehen und entdecken	Lösung: Eine vertraute Beziehung mit Menschen, auf die man sich verlassen kann, gibt das Gefühl, verstanden zu werden.
Bedürfnis der Wertschätzung: Zustimmung und Anerkennung erreichen	Lösung: Respektvolle Menschen, die auch zuhören, wenn sich Geschichten wiederholen, fördern den Selbstwert und geben Anerkennung.
Bedürfnis, dazuzugehören und geliebt zu werden: sich anderen zugehörig fühlen	Lösung: In Beziehung (Rapport) sein, dazu gehören und von Menschen geliebt werden (regelmäßige Kontaktpflege).
Sicherheitsbedürfnisse: sich geborgen und sicher fühlen	Lösung: Bewegungsfreiheit, Selbstbestimmung und ernst genommen zu werden bleiben erhalten.
Fundamentale physiologische Bedürfnisse: Hunger, Durst, Sexualität etc.	Lösung: Sensorische Stimulation durch visuelle, auditive, olfaktorische, gustatorische und taktil-erotische Reize

Maslowsche Pyramide (Vgl. Feil 2004, S. 41)

Menschen, deren Bedürfnisse befriedigt sind, bleiben gesünder, schlafen besser, leben länger und werden seltener dement. Die Befriedigung höherer Bedürfnisse hat positive soziale Konsequenzen, wie Loyalität, Freundlichkeit und anderes mehr.

3.4 Erikson-Theorie

Der Psychoanalytiker Erik H. Erikson beschreibt, wie sich die Persönlichkeit eines Menschen von der Geburt bis ins hohe Alter entwickelt. Er bezeichnet die Persönlichkeitsentwicklung als eine Auseinandersetzung mit einer Anzahl von Krisen, die sich im Laufe eines jeden Erwachsenenlebens einstellen werden. Diese Krisen können entweder zu Fortschritten oder, wenn der Mensch an der Entwicklungsaufgabe scheitert, zu Regressionen in der Persönlichkeitsentwicklung führen. Erikson nimmt an, dass jeder Mensch dazu gezwungen ist, sich mit einer immer stärker entwickelten Gesellschaft auseinanderzusetzen, um seinen eigenen Platz darin zu finden und zu bestehen. Jeder Mensch lernt also von der Kindheit an bis zum Erwachsenenalter, sich in seine Umwelt zu integrieren, damit er daraus eine gesunde Persönlichkeit entwickeln kann. Damit dies verwirklicht wird, muss man bestimmte Krisen bewältigen und mit einem geeigneten Ansatz lösen. (Vgl. Erikson 1973

Ich-Integrität als Lösung?
    Die Ich-Integrität ist als eine Verschmelzung des tatsächlichen Selbst mit dem idealen Selbst zu verstehen. Boeree sagt: „*Ich-Integrität ist, mit seinem durchaus fehlerhaften Leben in der Summe aller Dinge im Reinen sein, zu dem stehen, was man erreicht hat und nicht erreicht hat, zufrieden sein mit seiner Lebensleistung und sie zu akzeptieren. So muss der nahe Tod nicht gefürchtet werden. Wer dem Tod ohne Furcht entgegensteht, hat die Stärke erlangt, die Erikson Weisheit nennt.*"

Stadium	Aufgabe	Misslingen der Aufgabe
1. Frühkindliches Alter (0-1)	Grundlegendes Vertrauen, Vertrauen lernen	Misstrauen, „Ich bin nicht lebenswert"
2. Das Kleinkindalter (2-3)	Selbstkontrolle über Ausscheidungen, Willensbildung, beginnende Autonomie durch wachsende Körperbeherrschung	Scham- und Schuldgefühle (extremer Art)
3. Das Kindergartenalter (3-6)	Ausprägung von Lustgefühlen (Libido), Identifikation mit der Wertewelt der Eltern (Moralsystem)	Schuldgefühle
4. Schulzeit (7-12)	Entwicklung eines „Werksinnes", Entwicklung der kognitiven Fähigkeiten, Wissenserweiterung	Unzulänglichkeit und Minderwertigkeit
5. Adoleszenz (12-18)	Identität finden, Abnabelung von den Eltern	Unsicherheit, unklare Rollen „Ich bin nur jemand, wenn ich geliebt werde"
6. Erwachsene (20er)	Intimität lernen, Verantwortung für Gefühle, Misserfolge und Erfolge übernehmen	Isolation, Abhängigkeit
7. Lebensmitte (späte 20er bis 50er)	Neue Aktivitäten entwickeln, wenn die alten Rollen überholt sind	Stagnation, Festhalten an alten Rollen
8. Alter (über 50)	Das Leben resümieren, innere Stärke, Integrität finden	Verzweiflung „Ich könnte ebenso gut tot sein"

Erikson-Theorie (Messer 2009, S. 22ff.)

In der Validation wird die Demenz im Endstadium als *Verlorenes Ich* bezeichnet. Naomi Feil erweitert das Entwicklungsmodell von Erikson um dieses Endstadium als die neunte Stufe.

Sie sieht es als Aufgabe des Menschen, im hohen Alter von 80 Jahren oder noch älter, seine Gefühle so weit wie möglich frei zu äußern, um dann in Frieden sterben zu können.

Wird diese Aufgabe nicht erfüllt, kann eine depressive Verstimmung entstehen, die in einer Demenz münden kann (Vgl. Feil 2005, S. 30)

Feil	Aufgabe	Misslingen der Aufgabe
9. hohes Alter (über 80)	Gefühle frei äußern und sich mehr gehen lassen, um dann in Frieden sterben zu können.	depressive Verstimmung oder fortschreitende Demenz
Tabelle 5: Erikson-Theorie, Erweiterung nach Feil (Feil 2005, S. 30)		

Erikson-Theorie, Erweiterung nach Feil (Feil 2005, S. 30)

3.5 Stroke-Babys

(to stroke = streicheln, stroke = der Schlag, der Hieb)

Das klingt etwas eigenartig, weil wir Streicheln für positiv, Schlagen aber für negativ halten. Es muss uns aber klar sein:

»   Jede Zuwendung ist eine Auseinandersetzung mit der Person.
»   Ich setze mich nur mit Personen auseinander, die wichtig, wertvoll oder interessant sind.
»   Auch eine negative Auseinandersetzung ist eine Anerkennung einer Person.
»   Der Mensch will lieber negative Streicheleinheiten als gar keine, denn auch diese sichern das Überleben. Ohne Streicheleinheiten stirbt der Mensch.

Ignorieren sollte deshalb in der Betreuung und Begleitung von Menschen nicht vorkommen.

Menschen, die in ihrem Leben zu wenige Streicheleinheiten erhalten haben, legen es in den Beziehungen manchmal darauf an, negative Streicheleinheiten zu bekommen – im Sinne von: Negative Anerkennung ist besser als keine.

Der Mensch verhält sich dann so, dass er die Entrüstung, den Ärger, Hass und Zorn seiner Umwelt auf sich zieht. Solche Menschen haben meistens ein Streicheldefizit, das heißt, sie leiden daran, nicht genügend beachtet zu werden. Also versuchen sie, ihre Umwelt dazu zu zwingen, sich mit ihnen – wenn auch negativ – auseinanderzusetzen.

Diesen Menschen kann man nur mit häufigen, positiven Streicheleinheiten helfen. Dazu muss man sie allerdings zuerst akzeptieren. Da sie es aber anderen durch ihre negative Verhaltensweise sehr schwer machen, sie zu akzeptieren, handelt es sich um ein schwieriges Unterfangen. (Vgl. Birkenbihl 1999, S. 55)

3.5.1 Anerkennung

Wenn wir im Leben zu wenig Aufmerksamkeit bekommen haben, brauchen wir sehr viele kleine Anerkennungen, die unser Defizitloch wieder auffüllen. Manchmal ist das Anerkennungs-

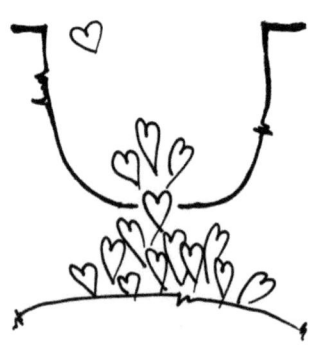

Anerkennungsloch, E. Feurstein

defizit so groß, dass sogar ein Loch im Loch entsteht und das Auffüllen unendlich schwer und lange erscheint. In Beziehungen von Herzen kommende Anerkennung zu geben, bringt einen Gewinn für die Empfänger und die Sender.

In anerkennende Beziehung treten heißt:

Bezugspunkte der Grundhaltung nach Scharb, E. Feurstein

3.6 Interpretation eines Gesichtsausdruckes

Wie Elemente der nonverbalen Kommunikation auf den Betrachter wirken, beschreibt der Duisburger Psychologieprofessor Siegfried Frey in einem Forschungsergebnis.

Am Bildnis einer Madonna zeigt Frey, wie sich die Wirkung eines Gesichtsausdruckes durch eine neue Positionierung verändert. Nur die Neigung des Bildes verändert bereits den Gesichtsausdruck. „Aus einer anmutigen, bescheidenen Frau wird eine selbstsüchtige, auf andere herabschauende Herrin." (Vgl. Frey, 2016)

Interpretation eines Gesichtsausdrucks,
Heiligenbild vgl. Siegfried Frey

Kopfhaltung

Das Erstaunliche an diesem Beispiel ist, dass man den Eindruck hat, der Gesichtsausdruck der Madonna habe sich verändert. Die wahre Ursache an dieser Irritation liegt aber allein in der Kopfhaltung. In solchen Details verbirgt sich die Tücke der nonverbalen Kommunikation. Manchmal sind es eben nur Kleinigkeiten, die darüber entscheiden, ob jemand auf uns einen sympathischen oder eher unsympathischen Eindruck macht. *(Internet: https://www.br.de/telekolleg/faecher/psychologie/sprache-kommunikation102.html 2016)*

3.7 Vier Typologien

Eine Typologie soll dazu dienen, einen Menschen in seiner individuellen und für ihn typischen Eigenart besser zu verstehen.

Im Folgenden werden das Enneagramm, der sympathikotone und parasympathikotone Mensch, die Alpha-Omega-Typologie und die Kontrolldramen nach Redfield beschrieben:

3.7.1 Enneagramm

Das Enneagramm ist eine Typenlehre mit langer Tradition, die die Besonderheiten von neun verschiedenen menschlichen Charakteren beschreibt. Diese Beschreibung soll in der validierenden Arbeit zu einem Verständnis für die Eigenheiten auch bei dementierenden Menschen führen.

Alle neun Typen haben charakteristische Züge, an denen man sie mehr oder weniger schnell erkennen kann. Dabei ist allerdings zu beachten, dass eine genauere Typeneinteilung mit einer intensiveren Auseinandersetzung mit dem Enneagramm einhergehen muss. Eine Erklärung zu den Wechselbeziehungen der verschiedenen Charaktere untereinander würde allerdings den Rahmen dieses Buches sprengen. Zu diesem Thema gibt es sehr gute einschlägige Literatur.

Typ 1: Perfektionist/Reformer/Idealist

Er sieht das Wesentliche, ist perfektionistisch, korrekt, genau, geschäftstüchtig, kann gut planen und organisieren, sucht Fehler bei sich und anderen, um die Welt besser zu machen. Er ist kritisch, selbstkritisch, streng, korrigierend, ausdauernd und prinzipientreu. Andere fühlen sich von Typ 1 oft korrigiert und kritisiert.

Typ 2: Helfer/Geber/Fürsorglicher

Er ist idealistisch und sozial, liebenswürdig, hilfreich, großzügig, fürsorglich, möchte für alle das Beste, ist für alle da, ignoriert die eigenen Bedürfnisse, macht sich unentbehrlich, will Aufmerksamkeit und Liebe für seine Hilfeleistungen, sagt das aber nicht, erzeugt Schuldgefühle, wenn er zu wenig Beachtung spürt; er wird als manipulativ erlebt.

Typ 3: Dynamiker/Macher/Leistungsmensch

Er besitzt Ausstrahlung und muss sich für den Erfolg scheinbar nicht sonderlich anstrengen, ist aktiv, dynamisch, ehrgeizig, zielorientiert, erfolgs- und konkurrenzorientiert, will Anerkennung über Leistung und Erfolg. Er stellt sich und seine Leistung oft in einem allzu positiven Licht dar, legt dabei wenig Wert auf authentische Gefühle und wird daher von anderen oft als täuschend und emotional abwesend erlebt. Er kennt nur Erfolg oder Teilerfolg.

Typ 4: Tragischer Romantiker/Künstler/Individualist

Er ist ein Querdenker, anregend, ungewöhnlich, kreativ, ästhetisch, intuitiv und emotional, melancholisch, tiefschürfend, tragisch-romantisch, dramatisch nach außen oder innen, fühlt sich als besonders gut oder besonders schlecht, nichts dazwischen. Andere empfinden die Gefühle des Typs 4 oft als übertrieben und fühlen sich von ihm in unauflösbare Beziehungsdramen eingesponnen.

Typ 5: Beobachter/Denker/Forscher

Er ist tolerant, bescheiden, bleibt in schwierigen Situationen ruhig, ist ein guter Stratege, beobachtend, zurückgezogen, eher analytisch, sammelt Informationen, ohne eine Miene zu verziehen. Denken steht im Vordergrund, Gefühle und Handeln sind vermindert oder werden auf später verschoben, er isoliert sich von anderen. Andere fühlen sich von Typ 5 oft beobachtet, wie von oben herab angesehen und beklagen die innere Abwesenheit in Beziehungen.

Typ 6: Skeptiker/Loyaler/Ängstlicher

Er ist kooperativ, warmherzig, pflichtbewusst, beharrlich, verlässlich, treu, ein Gemeinschaftsmensch, er hat wenig Selbstvertrauen und sucht die Routine. Er ist daher mehr oder weniger bewusst ängstlich, kann nicht offen Stellung beziehen, die Welt ist für ihn ein bedrohlicher Ort, Menschen sind gefährlich, weil sie einen angreifen oder nicht verlässlich sind. Andere fühlen sich vom Typ 6 oft auf Verlässlichkeit getestet und bezweifelt.

Typ 7: Genussmensch/Abenteurer/Optimist

Er ist fröhlich, unkompliziert, gesellig, offen, vielseitig, spaßorientiert, wenig verbindlich, hüpft von einem interessanten, faszinierenden Aspekt (ein Gedanke, eine Tätigkeit oder eine Person) zum anderen, um unangenehmen Gefühlen auszuweichen. Er lebt zu sehr für den Augenblick, ist unzuverlässig und genusssüchtig. Andere empfinden den Typ 7 oft als oberflächlich und wenig verbindlich.

Typ 8: Boss/Herausfordernder/Krieger

Er ist selbstbewusst, kraftvoll, dynamisch, kämpferisch, ein praktischer Umsetzer, kann sich schnell entscheiden, schafft Klarheit, wird leicht wütend, ist machtorientiert, will die Kontrolle haben oder bekommen, ist aggressiv, provokant, ist ein Schwarz-Weiß-Denker. Andere haben das Gefühl, von ihm dominiert und beherrscht zu werden.

Typ 9: Vermittler/Friedliebender/Bewahrer

Er ist einfühlsam, diplomatisch, ausgleichend, harmonisierend, friedfertig, vermeidet Ärger, ist sehr beliebt, oft antriebslos, phlegmatisch, schiebt Unangenehmes auf, ist konfliktscheu. Er verschmilzt mit den Interessen anderer, weiß häufig nicht, was er will oder nicht will. Andere ärgern sich leicht darüber, dass er nicht sagt, was er will oder nicht will, aber dann nicht tut, was man von ihm will oder was er tun soll. (Vgl. Rohr 2004; Von Haecker 2009)

3.7.2 Sympathikotoner und parasympathikotoner Mensch

Die Regulierung unserer Vitalfunktionen – wie zum Beispiel Atmung, Verdauung, Stoffwechsel, Sekretion, Wasserhaushalt und anderes – besteht aus einem sympathischen und einem parasympathischen System. Beide Systeme sind dem Einfluss des Willens und des Bewusstseins *nicht* untergeordnet.

Der Sympathikus erhöht den Blutdruck, beschleunigt die Herzfrequenz, erweitert die Pupillen, verstärkt das Schwitzen und vermindert die Darmtätigkeit.

Beispiel: Ein sympathikotoner Mensch, der mit schweren Verletzungen in ein Krankenhaus kommt, wird alles in Bewegung setzen, damit er so schnell wie möglich rehabilitiert ist, um dann das Krankenhaus rasch wieder verlassen zu können. Er ist immer in Bewegung und muss immer etwas tun. Er ist aktiv, entscheidungs- und risikofreudig. Auch in der Demenz wird er immer unruhig auf- und abgehen, etwas arbeiten, auf keinen Fall aber wird er still irgendwo sitzen.

So ein Mensch wird vom Pflegepersonal in der Regel als unruhig und aggressiv beschrieben. Um zur Ruhe zu kommen, wird er gegen seinen Willen mit Medikamenten sediert, und in seiner Freiheit eingeschränkt.

Der Parasympathikus wirkt unter anderem blutdrucksenkend, hemmt die Atmung, verlangsamt die Herzfrequenz, regt die Verdauungstätigkeit an und ermöglicht die Entleerung von Blase und Mastdarm.

Beispiel: Ein parasympathikotoner Mensch mit einem leicht erhöhten Blutdruck wird in ein Krankenhaus gebracht und von Kopf bis Fuß untersucht. Sein Blutdruck ist schnell reguliert und seine Entlassung nach Hause wird empfohlen. Dieser Mensch wird sagen: „Warum soll ich nach Hause gehen? Das Essen hier ist gut, die Schwestern sind lieb, ich bleibe noch ein paar Tage.". Es handelt sich um einen ruhigen und zurückgezogenen Menschen, der seine Gewohnheiten beibehält.

In der Demenz sind das jene Menschen, die gerne auf immer demselben Platz sitzen und diesen am liebsten nicht verlassen würden. Sie werden von den Pflegepersonen oder von Angehörigen immer wieder zur Bewegung animiert, damit sie nicht versteifen. Oft werden sie für die Aktivierungs- oder die Bewegungsgruppe eingeteilt und zu Spaziergängen überredet. Für sie ist aber jede Bewegung, die nicht sein muss, bereits eine Bewegung zu viel, so dass die gutgemeinte Animation der Betreuer nicht zu ihrem Wohlbefinden beitragen wird. (Vgl. Böhm 2005, S. 112)

3.7.3 Alpha-Omega-Typologie

Auch in dieser Typologie finden wir die speziellen und individuellen Eigenarten von ganz normalen Menschen, die im Alter verstärkt sichtbar werden können.

Ein bedingungsloses Respektieren und Gewährenlassen dieser individuellen Art ermöglicht meistens eine unkomplizierte Betreuung.

Alpha	Beta	Gamma	Omega
Führertyp	Fachmann	schweigende Mehrheit	Außenseiter
echte Autorität	Experte	Mitglied	Gegenspieler
Charisma			
Gruppensprecher	Sachverständiger	stille Treue	Sündenbock
Initiator	Ideenträger	humorvoll	Gruppenclown
Vertreter von Gruppenwerten	Initiator (von Denkprozessen)	Mitläufer	Schweiger
sorgt für Ausgleich und Entspannung	Organisator	Helfer	
	Realist		
	Kontrolleur		

Alpha-Omega-Typologie

Der Alpha-Typ geht voran

Er ist ein Anführer, der gewöhnlich im Mittelpunkt der Aufmerksamkeit steht und gerne die leitende Verantwortung übernimmt. Er gibt Ziele, Normen und Orientierung vor, er koordiniert, entscheidet auch und findet immer einen Konsens. Der Alpha-Typ ist also der geborene Motivator, Vermittler, Mutmacher und Ermahner. Er vermittelt mit seiner Persönlichkeit, seinen Vorlieben und seinen Abneigungen und wirkt animierend auf eine Gruppe.

Der Alpha-Typ kann als Bewahrer, der eine Beschützerrolle übernimmt, als Pionier und Reformer, aber auch als Technokrat oder als Charismatiker auftreten.

So nimmt er im Führen recht unterschiedliche Stile an: einerseits wird er als immer strahlend, freundlich, warmherzig und liebevoll wahrgenommen, andererseits kann er auch als absoluter Machtmensch, als herrisch, dominant oder gar als kühl und distanziert erscheinen.

Ein Alpha-Typ zieht seine Gruppe mit charismatischer Ausstrahlung in seinen Bann und führt sie zu neuen Ufern. Auf Neuland repräsentiert er das Wachstum und die Entfaltung, auch wenn einige seinen Plänen und Visionen skeptisch gegenüberstehen. Er führt, verführt, weiß, was in der Gruppe vor sich geht und gibt das Tempo vor. Seine Stärke ist die Integration von neuen Ideen in bestehende Strukturen.

Der Beta-Typ ist unabhängig im Streben nach Macht

Er tritt als Denker, als erfahrener Experte oder als Berater auf. In der Gruppe leistet der Beta-Typ sachliche Beiträge, er informiert und analysiert. Er macht Regeln und unterstützt. Meist genießt er hohes Ansehen.

Je nach Ausprägung seiner Macht hält er hinter den Kulissen alle Fäden in der Hand. Er hat ein echtes Bedürfnis, seine Erfahrungen, seine Erkenntnisse und seine Weisheiten einzubringen.

Sehr nahe kommt ihm der Typ des Mediators, dessen Aufgabe es ist, bei Konflikten auszugleichen und Lösungen bei Streitigkeiten zu finden. Er hat einen ausgeprägten Sinn für das Heil von Körper und Seele und übernimmt häufig die Funktion des Betriebspsychologen. Er merkt sich Namen und Gesichter, betreut Gäste sehr individuell, er ist also auch für die repräsentativen Angelegenheiten einer Gruppe der Richtige.

Der Gamma-Typ ist ein Mitstreiter oder Weggefährte

Er ist ein Mensch für alle Fälle, denn er übernimmt Aufträge, folgt zuverlässig den Anleitungen seiner Vorgesetzten und ist in unterschiedlichsten Aufgabenbereichen hilfreich. Ihm vertrauen sich Gruppenmitglieder in privaten wie in beruflichen Belangen an. Er hat stets „ein offenes Ohr" und oft eine gefüllte Keksdose in der Schublade.

Auch als Archivar oder Fotograf ist der Gamma-Typ unentbehrlich. Er hält Ordnung und dokumentiert sorgfältig. Er ist ein Kraftprotz: Stark bis muskulös, sympathisch, allseits beliebt und auch beim Schleppen von Bierkisten oder Tischen gern dabei.

Der Omega-Typ ist ein Außenseiter, Quertreiber

Wachstum geschieht oft erst durch die Konfrontation mit ihm. Unerwartetes Kritisieren oder Nörgeln zeichnen ihn aus. Er rivalisiert, spornt an und macht ungewöhnliche Vorschläge. Er liebt die Herausforderung und erfreut sich an der Konfrontation. Er ist manchmal mehr und manchmal weniger verträglich.

In der schwer verträglichen Variante strebt der Omega-Typ eine Veränderung nicht durch Evolution und Weiterentwicklung, sondern durch harte Eingriffe und Revolutionen an. Er ist dann ein Antreiber, gibt das Tempo vor und zwingt die anderen, sich mit seiner Geschwindigkeit anzufreunden.

In der romantischen Version ist der Omega-Typ jung, diskussionsfreudig, hat oft einen ausgeprägten Hang zum Künstlerischen, wo er Zeichen setzt, Trends gestaltet und das Leben als kreativen Prozess bereichert. Als Querdenker ist der Omega-Typ *mit Vorsicht zu genießen*: Er stellt die Wertewelt einer Gruppe in Frage, ist somit ein guter Herausforderer und treibt notwendige Veränderungsprozesse voran, kann aber die Gruppe auch empfindlich stören.

Der Omega-Typ will ausschließlich mit dem Alpha-Führer kommunizieren und die Beta- und Gamma-Persönlichkeiten entmachten. Wenn der Omega-Typ von der Gruppe in die Rolle des Außenseiters gedrängt wird, ist die Gruppenkonstellation kritisch zu hinterfragen.

Jeder Typ nimmt in der Gruppe eine wichtige Funktion ein und trägt auf seine Art zur Gruppenstabilität bei. Diese Einteilung ist daher keine Einteilung in „Gut" oder „Böse", sie hilft vielmehr, das bestehende Gruppengefüge zu erkennen und gezielt zu nutzen.

Alle diese Charaktere finden wir auch in der Begleitung von Menschen mit Demenz.

Jeder von uns war mehr oder weniger ein Leben lang seiner Rolle als Führer, Fachmann, Schwieriger oder Außenseiter treu. Er lebt sie in einer innigen Vertrautheit in seiner Demenz manchmal sogar verstärkt weiter. Die Kunst, alle Dementierenden in der jeweiligen Rolle wiederzuerkennen, sie in dieser zu belassen und sie als Ressource zu nützen, kann uns den Pflegealltag erleichtern.

Wollen wir diese Menschen in ihrem Charakter verändern, damit sie in unsere Vorstellung von alten und dementierenden Menschen passen, werden sie sich aus ihrer vertrauten Rolle heraus verteidigen und versuchen, ihrem Status treu zu bleiben.

3.7.4 Kontrolldramen

James Redfield beschreibt in seinem Roman *Die Prophezeiungen der Celestine* vier Kontrollmechanismen, die auch wir in der Kindheit von unseren Eltern lernen, damit wir uns die Macht von anderen aneignen können.

Diese Mechanismen finden wir auch in der Arbeit mit alternden und dementierenden Menschen.

Der Einschüchterer (aggressives Verhalten)

Er gewinnt Energie, indem er sein Gegenüber mit Hilfe von psychischer Kraft, Lautstärke, Temperamentsausbrüchen und Drohungen in die Knie zwingt.

Das arme Ich (passives Verhalten als Ergänzung des Einschüchterers)

Das arme Ich versucht durch die Einnahme einer hilflosen, stark verletzten Haltung vom Einschüchterer Energie zu gewinnen, so dass dieser Mitleid bekommt und seine Angriffe einstellt.

Der Vernehmungsbeamte (aggressives Verhalten)

Er gewinnt von seinem Gegenüber Energie, indem er ihn pausenlos ausfragt und nach Rechtfertigung für seine Handlungen verlangt.

Der Unnahbare (passives Verhalten als Ergänzung des Vernehmungsbeamten)

Der Unnahbare tritt dem Verhalten des Vernehmungsbeamten entgegen, indem er sich einfach *einsperrt*, das heißt, jegliche Äußerung verweigert oder sich der Situation entzieht.

Diese Kontrolldramen zeigen uns, dass alle Menschen, mit denen wir in Kontakt kommen, einen Spiegel für unsere Potentiale darstellen, die wir noch entwickeln sollten. Alle Konflikte mit anderen Menschen sind noch ungelöste Konflikte in uns selbst. Sie stellen eine Lern- und Lebensaufgabe für uns dar.

Durch dieses Wissen werden wir erkennen, dass nicht die Kontrolle uns Kraft schenkt, sondern eine tiefere Wahrheit – die Erkenntnis, dass Mitgefühl und Mitmenschlichkeit die einzigen realen Kraftquellen darstellen.

So können wir die Aufmerksamkeit steuern, indem wir Anerkennung in dem Moment geben, wenn der andere sich nicht im Drama befindet, und sie entziehen, sobald er ins Drama kommt. (Vgl. Mohr 2007)

3.8 Dramadreieck

Das Dramadreieck ist ein psychologisches und soziales Modell aus der Transaktionsanalyse. Es beschreibt ein Beziehungsmuster zwischen mindestens zwei Personen, die darin die drei Rollen des Opfers, des Verfolgers und des Retters einnehmen. Hier wird der Zusammenhang dieser Rollen beschrieben und wie oft sie in unterschiedlicher Reihenfolge gewechselt werden. Es gibt keinen erkennbaren Anfang und kein erkennbares Ende. (S. Karpman 1968 und L. Schlegel 2002)

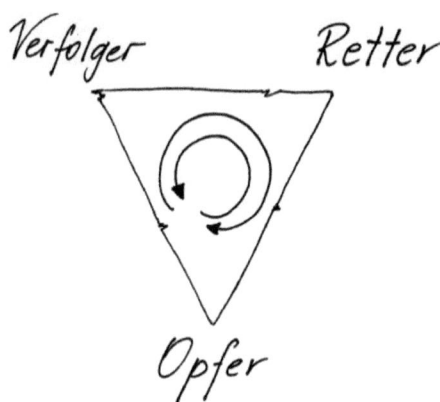

Wikipedia, Dramadreieck 2012 E.Feurstein

3.8.1 Opfer-Verfolger/Täter-Retter

Beispiel: Eine Pflegeperson geht mit einem Dementierenden, welcher sich aber mit Schimpfen und Schlagen dagegen wehrt, spazieren. Ein Angehöriger kommt dazu und weist die Pflegeperson zurecht. Der Dementierende erkennt aber den Angehörigen nicht und verteidigt die Pflegeperson. Die Pflegeperson ist zuerst der Täter und der alte Mensch das Opfer. Weil der Angehörige als Retter dazu kommt, wird er gleichzeitig zum Täter gegen die Pflegeperson, die jetzt das Opfer ist. Der Dementierende wird jetzt zum Täter gegen den Angehörigen, der in Folge zum Opfer wird. So kann der Retter zum Täter werden und der ursprüngliche Täter wird zum Opfer.

Ein beginnendes Dramadreieck kann nur durch das entgegengesetzte Verhalten gestoppt werden: Das Opfer soll lernen, mit Täterenergie gegen den Täter vorzugehen und zum Beispiel entsprechend laut und vernehmlich „Stopp!" zu rufen oder einfach nicht mehr mitzuspielen, indem es sich staunend und verwundert dem Spiel entzieht, ohne aber aus der Beziehung auszusteigen. (S. Karpman 1968 und L. Schlegel 2002)

Das Wissen um diese Verhaltensmuster ist ein erster wichtiger Schritt zur konstruktiven Verhaltensveränderung; wenn es etwa darum geht, *auszusteigen*, ohne dem anderen das Gefühl zu geben ihn fallen zu lassen, kann der automatisch ablaufenden Kreislauf durchbrochen, und der Zerrüttungen entgegengewirkt werden.

3.9 Aspekte der reaktivierenden Pflege

Weil jeder Mensch im Laufe seines Lebens etwas anderes erlebt, ist es auch wichtig, dass jeder individuell behandelt wird und seine biografischen Erlebnisse berücksichtigt werden.

3.9.1 Aktivitätstheorie

Ältere Menschen sind zufrieden, wenn sie noch etwas leisten, aktiv Einfluss nehmen oder gesellschaftlich nutzbringende Funktionen übernehmen können.

Deshalb muss das Ziel der Altenpflege in der biografieorientierten, aktivierenden Mitarbeit bestehen. Wenn dem alternden Menschen seine Aktivitäten genommen werden, verliert er seinen Status und das Gefühl, gebraucht zu werden.

3.9.2 Disengagement-Theorie

Im Gegensatz zur Aktivitätstheorie steht die Disengagement-Theorie.

Das Sichzurückziehen aus den aktiven Rollen und sozialen Kontakten ist nicht nur von der Gesellschaft, sondern auch von vielen alternden Menschen selbst gewünscht. Wer also erfolgreich altern will, muss sich seinen Alterungsvorgängen anpassen.

Die alternden Menschen reduzieren oft die geforderten Aktivitäten gern und bereiten sich auf diese Weise langsam auf das Lebensende vor. Es muss aber berücksichtigt werden, dass nicht jeder Mensch gleich ist, zum Beispiel, ob er eher aktiv bleiben möchte oder ob er sich den Rückzug wünscht.

3.9.3 Defizitmodell

In diesem Modell wird das Altern als ein Prozess des Verlustes und des Abbaus emotionaler und intellektueller Fähigkeiten gesehen. So werden Einsamkeit, Verarmung oder Verwahrlosung häufig mit dem Alter in Verbindung gebracht.

3.9.4 Irreversibilitätstheorie

Es wird angenommen, dass die psychischen Erkrankungen des Alters in der senilen oder präsenilen Demenz und der Arteriosklerose ihren Ausdruck finden.

Demenz wird als irreversible, chronische Durchblutungsstörung im Gehirn gesehen.

3.9.5 Reversibilitätstheorie

Diese Theorie besagt, dass viele hirnorganische Insuffizienzen des Alters therapierbar sind. Auch wenn man nur lernt, mit der Krankheit oder den Eigenheiten des Alters zu leben, hat dies reversible Auswirkungen auf Körper und Geist.

Daraus folgt, dass unser Ziel die Rehabilitation sein sollte, denn dann reden wir von Gesundheitspflege statt von Krankenpflege. (Vgl. Wilfling 2009 S.12)

3.10 Halo-, Rosenthal- oder Pygmalion-Effekt in Bezug auf die Demenz

Dieser Effekt beschreibt unsere Wahrnehmungstäuschung in der Einschätzung von Kompetenzen oder Qualifikationen von Menschen.

Ein positiv oder negativ herausragendes Merkmal einer Person überstrahlt alle anderen beobachtbaren Eigenschaften und bewirkt, dass auch die anderen Merkmale tendenziell positiver oder negativer beurteilt werden. Vor diesem Hintergrund wird nicht mehr objektiv, sondern nur anhand eines einzelnen dominanten Merkmals beurteilt.

Der Halo-Effekt kann also zu einer allgemeinen Aufwertung (Heiligenschein-Effekt) oder einer allgemeinen Abwertung (Teufelshörner-Effekt) aufgrund des einen, alles überstrahlenden oder überschattenden Merkmals führen.

Im Halo-, Rosenthal-, Pygmalion-Effekt wird das Ergebnis durch die Erwartungen der Testperson beeinflusst. (Vgl. SDI-Research 2012)

Beispiel: Robert Rosental, ein Deutschamerikanischer Professor für Psychologie startete 1965/66 mit seiner Kollegin Lenore Jacobson einen Schulversuch. Er trennte die Schüler der Schule nach dem Zufallsprinzip in zwei Gruppen. Dem Lehrer der ersten Gruppe teilte er die überdurchschnittliche Leistungsfähigkeit der Schüler mit und prophezeite eine sehr positiv verlaufende Schullaufbahn. Der Lehrer der zweiten Gruppe wurde über die unterdurchschnittlichen Leistungen der Schüler informiert und ihm wurde ein sehr schwieriges Schuljahr vorausgesagt. Am Ende des Schuljahres hatten die vermeintlich *Hochbegabten* nach dem Ergebnis eines Schulleistungstests einen großen Vorsprung gegenüber den anderen Schülern, die zu ihren schlechten Leistungen von dem Lehrer auch noch als schwierig beschrieben wurden. (Vgl. Legewie 1992, S. 10f.)

Auch in der Begleitung von alternden Menschen hat der Rosenthal-Effekt Bedeutung erlangt.

Seit einigen Jahren werden Menschen ab dem fünfzigsten Lebensjahr mit Argusaugen auf ihre demenziellen Veränderungen hin beobachtet. Die Ausfallserscheinungen werden förmlich gesucht und mit dem Blick auf das Negative auch gefunden.

Obwohl verschiedene Forscher wie zum Beispiel der Epidemiologe David Snowdon mit der *Nonnenstudie*, Gronemeyer

und Wißmann mit dem Buch „Demenz und Zivilgesellschaft –
Eine Streitschrift", Dammann und Gronemeyer mit dem Buch
„Ist Altern eine Krankheit?" immer wieder darauf aufmerksam
machen, bleiben manche Wissenschaftler der vorurteilsbehaf-
teten Wahrnehmung treu.

> *„Gegner glauben uns zu widerlegen,*
> *wenn sie ihre Meinung wiederholen und*
> *auf die unsrige nicht achten."*
> Johann Wolfgang von Goethe[5]

> *„Auch wenn alle einer Meinung sind,*
> *können alle Unrecht haben."*
> Bertrand Russel[6]

Ohne es zu merken, treibt man die Angst und die selbsterfül-
lende Prophezeiung voran. Dabei könnte man diese verhindern,
wenn man sich mehr am Positiven orientieren würde:

» Mit Lob und Anerkennung kann man bei alternden Menschen ein Wohlgefühl erreichen.
» Rede auch mit Menschen, die vergesslicher sind, vertraue ihnen Aufgaben an und sage ihnen, dass du zuversichtlich bist,
dass sie der Aufgabe gewachsen sind!
» Gib immer wieder Feedback, besonders auf die guten Leistungen!

> *„Behandle die Menschen so, als wären sie,*
> *was sie sein sollten, und du hilfst ihnen*
> *zu werden, was sie sein können."*
> Johann Wolfgang von Goethe[7]

3.11 Krankheitsgewinn

Viele Menschen lernen in der frühen Kindheit, dass ihnen Zuneigung oder Bemutterung dann sicher ist, wenn sie krank sind.

Beispiel:

Ein kleiner Junge möchte an einem regnerischen Morgen nicht in den Kindergarten gehen. Viel lieber will er zu Hause bei seiner Mutter bleiben. Weil die Mutter aber zur Arbeit gehen muss, verspricht sie dem Kind, dass sie am Abend mit ihm spielen und ihm eine schöne Gutenachtgeschichte vorlesen werde. Der Junge geht zufrieden in den Kindergarten und freut sich auf den Abend. Unerwartet kommt am Abend Besuch für die Mutter. Sie vertröstet den kleinen Jungen auf den nächsten Abend, an dem sie das Versprochene nachholen will. Am nächsten Tag liegt der Kleine mit Fieber, Kopf- und Bauchschmerzen krank im Bett. Die Mutter nimmt für diesen Tag frei. Das kranke Kind darf im Wohnzimmer auf dem Sofa liegen, bekommt die Bettdecke von der Mama, eine Wärmflasche und eine schöne Geschichte vorgelesen. Nach einer Fußmassage machen die Mama und der Junge ein gemeinsames Mittagsschläfchen, das ihm seine Gesundheit wieder bringt. Schon am Nachmittag fühlt er sich viel besser und kann am nächsten Tag gesund wieder in den Kindergarten gehen. Mit der Wiederholung von Ähnlichem lernt das Kind unbewusst: „Wenn ich Zeit, Aufmerksamkeit und Liebe brauche, muss ich krank sein." So wird es vermutlich immer dann, wenn es in seinem Leben zu wenig Aufmerksamkeit bekommt, krank werden.

Dies ist ein gelerntes „Coping", das auch im hohen Alter als eine unbewusste Lebensbewältigungsstrategie eingesetzt werden kann und meistens wirkt. Mit dem Ausdruck „Krankheitsgewinn" werden jene Vorteile bezeichnet, die jemand bewusst oder unbewusst aus seiner Krankheit zieht. Der kranke Mensch bekommt die ihm fehlende Rücksicht und das Mitgefühl von seiner Umgebung.

Man unterscheidet zwischen dem primären, dem sekundären und dem tertiären Krankheitsgewinn.

Primärer Krankheitsgewinn:

Der primäre Krankheitsgewinn besteht darin, durch die Krankheit unangenehmen Anforderungen aus dem Weg gehen zu können (berufliche und soziale Verpflichtungen, Prüfungen, stressverursachende Einzelsituationen). Eine Flucht in die Krankheit verspricht also einen direkten Vorteil durch Entlastung.

Sekundärer Krankheitsgewinn:

Der sekundäre Krankheitsgewinn kann als Lernerfolg oder Ergebnis einer Entwicklung während einer Krankheit verstanden werden. In der Psychoanalyse wird von einer „Regression" gesprochen: Der Patient fällt in ein unselbständiges, kindliches Verhalten und Empfinden zurück. Was den Lernprozess anbelangt, so stellt sich der Patient auf seine Krankheit ein. Das bedeutet, dass er nach einer Weile seine Gesundheit *aus den Augen verliert* und umdenkt, um mit der Krankheitssituation umgehen zu können. Der Patient lernt, dass es von Vorteil ist, krank zu sein. Er *lässt sich hängen*, fordert materielle und personelle Zuwendung, Fürsorge, Entlastung und Rücksicht ein und erfährt, dass er all diese Dinge aufgrund seiner Erkrankung auf einfachste Art bekommt. Die große Gefahr dabei ist für ihn (und seine Umgebung), dass er wegen seiner Vorteile krank bleibt.

Tertiärer Krankheitsgewinn:

Der tertiäre Krankheitsgewinn besteht in Vorteilen für die Umgebung des Erkrankten. Beispielsweise kann für Angehörige die zu erbringende Pflege als Bereicherung empfunden werden, da die pflegende Person spürt, gebraucht zu werden, dadurch eine besondere Kompetenz erhält und sich so als *Heilsbringer* sehen kann. Im weitesten Sinne enthalten alle Berufe des Gesundheitswesens einen tertiären Krankheitsgewinn.

Abgrenzung:

Es erfordert eine hohe fachliche Kompetenz und in Einzelfällen Fingerspitzengefühl, um zu unterscheiden, ob jemand auf den Krankheitsgewinn aus ist oder ob es ihm wirklich entsprechend schlecht geht. Besonders schwierig ist diese Unterscheidung bei der Beurteilung von nicht messbaren Symptomen wie Schmerzen oder bei Vorliegen von psychischen Störungen und bei nachweislich schwerer Krankheit oder Behinderung, mit deren Leidensdruck jeder Patient individuell umgeht. (Vgl. Pflegewiki, Krankheitsgewinn 2011)

4

WAS HEISST VALIDATION?

Validation bezeichnet in der Wirtschaft, Wissenschaft und in anderen Bereichen eine Prüfung und Erklärung der **Gültigkeit**. Ein Notar beispielsweise validiert einen Vertrag, indem er ihn unterschreibt und damit unumstößlich für gültig erklärt.

Validation ist ein Verfahren, mit dem psychischen Äußerungen der Status der Gültigkeit verliehen wird, auch wenn es sich um intuitiv unverständliche Affekte handelt.

Naomi Feil hat die Validation als Erkenntnis- und Kommunikationsmethode in die Altenarbeit übertragen Jede Äußerung eines Dementen ist *wahr, ernst zu nehmen, wertzuschätzen und zu akzeptieren* – sei sie noch so verrückt.

Alle Äußerungen und Gefühle sind als sinnvoll anzuerkennen, ohne sie zu beurteilen. Das ist die Grundhaltung in der Validation.

Nach Feil sollten möglichst alle Personen, die dementierende Menschen betreuen, validieren können und dies bei Bedarf im pflegerischen Alltag einsetzen.

Validation kann also ein Schlüssel zur Welt von dementierenden Menschen sein. Wo dieser Schlüssel zu finden ist, erfährst du in folgender Geschichte.

Als die Welt erschaffen wurde, lebten noch alle Menschen bei Gott im Paradies. Gott wollte aber die Menschen gerne auf die Erde schicken, die er exklusiv für sie geschaffen hatte. Gemeinsam mit den Engeln überlegte er: „Was können wir nur tun, damit die Menschen nicht immer zu uns in den Himmel kommen wollen? Sie sollen doch dort leben, wo sie hingehören." Erzengel Gabriel sagte: „Wir müssen den Himmel verschließen." „Und wo können wir den Schlüssel lassen?", fragte ein anderer Engel. „Wir müssen ihn an einem Ort verstecken, wo die Menschen ihn nicht finden." Erzengel Michael hatte die Idee, den Schlüssel im tiefsten

Meer zu versenken, doch der liebe Gott meinte: „Ich kenne die Menschen. Da finden sie ihn bestimmt." Ein anderer Engel schlug vor: „Dann verstecken wir den Schlüssel auf dem Gipfel des höchsten Berges." Der liebe Gott murmelte: „Auch dahin gelangen die Menschen." Ein ganz pfiffiger Engel sagte: „Wir schießen den Schlüssel in den Weltraum." Gott erwiderte: „Sie werden ihn finden." Schließlich meldete sich Gabriel noch einmal: „Jetzt weiß ich, was wir machen. Wir verstecken den Schlüssel zum Himmelreich im Herzen der Menschen." Der liebe Gott nickte: „Das ist die beste Idee. Sie finden ihn eher im Weltraum oder im tiefsten Meer als in ihrem eigenen Herzen, aber wenn sie ihn dort finden, dann sollen sie ihn auch benutzen dürfen."

Wie man diesen Schlüssel sinnvoll einsetzen kann, erfährst du in den folgenden Gedanken.

Vor einiger Zeit hatte ich beim Meditieren eine Eingebung, in der es hieß: *Am Anfang war das Licht.* Dieses Wort teilte sich in

Aus dem L wurde das Wort *Liebe* und aus dem T das Wort *Tun.*

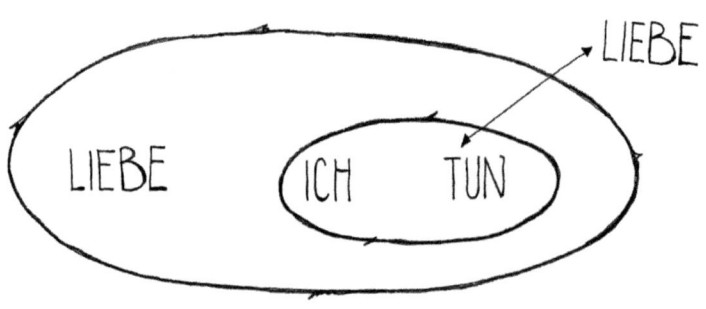

Vision, selbst erstellt

In meiner Vision zeigte sich ein Ei im Körper einer Frau, das vom Samenfaden eines Mannes befruchtet wurde, und aus dieser Verbindung wurde Liebesenergie. Es war eindeutig, dass Liebe aus sich selbst entsteht und nicht aus der Liebe von Vater und Mutter. So sei jedes Kind auf dieser Welt LIEBE.

Im Moment der Geburt wird das Kind als ICH wahrgenommen. Ab jetzt wird es erzogen, um zu TUN, was zu tun von ihm erwartet wird, und so verliert es den Bezug zum Schlüssel in den Himmel. Es heißt dann: Wenn du das tust, bist du ein braves Kind und wirst geliebt, wenn du das nicht machst, wirst du nicht mehr geliebt.

Dem Menschen wird versprochen, dass er sich die LIEBE (Schlüssel), nach der er sich sehnt, erarbeiten kann.

Er macht und macht und macht dann, was man von ihm erwartet und möchte dafür die versprochene Liebe bekommen. Immer wieder leidet er an der Unausgeglichenheit von Geben und Nehmen. Die versprochene Liebe, die er bekommen sollte, bleibt oft aus und die wenige erhaltene Anerkennung kompensiert das Defizit nicht. So arbeiten viele Menschen in unserer Gesellschaft in der Hoffnung, einmal so geliebt zu werden, dass dieses Defizit ausgeglichen wird. Dauert dieses unerfüllte Bedürfnis nach Liebe längere Zeit an, kommt es zu einem Minderwertigkeitsgefühl, einem inneren Stress, der krank machen kann.

Es folgen Burnout, Depression, Demenz oder andere Krankheiten.

Unerfüllte Bedürfnisse fordern irgendwann ihr Recht ein

Erfüllte Bedürfnisse	Unerfüllte Bedürfnisse
Wertschätzung	Geringschätzung
Wohlwollen	Missgunst
Vertrauen	Misstrauen
Etwas gönnen	Neid
Verständnis	Korrektur
Ernst nehmen	Nicht ernst nehmen
Ehrlich sein	Eifersucht
Anerkennung	Lügen
Sicherheit	Beschimpfen
Bewusstheit	Angst
Dankbarkeit	Habsucht/Gier
Zufriedenheit	Schuld

Erfüllte und unerfüllte Bedürfnisse

Die Geschichte von den zwei Wölfen erklärt einen möglichen Umgang mit den unerfüllten Bedürfnissen im Alltag:

Ein Großvater spaziert mit seinem Enkelkind zu einem Bach. Sie machen ein kleines Lagerfeuer und schauen in der langen Stille dem Flackern der Flammen zu.

Irgendwann sagt der Großvater: „Enkelsohn, ich habe zwei Wölfe in meiner Brust: Einer ist ein ganz böser, widerspenstiger, missgünstiger, eifersüchtiger, dem man nicht vertrauen kann. Er sucht die Schuld für alles bei den anderen, er hat Angst, ist gierig und feindselig."

Nach einer kurzen Zeit der Stille sagt er: „Ich habe aber auch einen anderen Wolf in meiner Brust, der ist wertschätzend, wohlwollend, dem kannst du vertrauen, er ist ehrlich und echt, er hat

Verständnis für alle deine Eigenheiten, er ist freigiebig, gibt Anerkennung und hilft, wo er helfen kann."

Dann ist der Großvater still.

Nach ein paar Minuten fragt der Enkel: „Großvater, welcher Wolf ist stärker?"

Nach einem kurzen Zögern sagt der alte Mann: „Immer der, den ich mehr füttere."

In dieser Geschichte können wir erfahren, dass Validation bei uns selbst beginnt. Denn nur wer imstande ist, sich anzunehmen in allen Eigenschaften, auch in den Fehlern und Schwächen, und sich zu respektieren und wertzuschätzen weiß, kann auch andere in ihrer Eigenart annehmen.

Wann ist in mir das Positive stärker und unter welchen Bedingungen das Negative?

Den *Schlüssel zum Himmel* zu finden heißt, nicht die negative, unliebsame Seite zu verdrängen oder zu verleugnen, sondern, im Gegenteil, sie immer wieder neu und bewusst anzunehmen, um sie zu überwinden.

4.1 Sammlung von theoretischen Annahmen

Die folgenden Sätze stammen aus dem Behaviorismus sowie aus der Analytischen und der Humanistischen Psychologie (Vgl. Feil 2005, S. 16f.):

„Akzeptieren Sie Ihren Patienten, ohne ihn zu beurteilen."
(Carl Rogers)

„Der Therapeut kann weder Einsicht verschaffen noch das Verhalten ändern, wenn der Patient nicht bereit ist, sich zu ändern oder nicht die kognitive Fähigkeit zur Einsicht besitzt."
(Sigmund Freud)

„Verstehen Sie Ihren Patienten als einzigartiges Individuum."
(Abraham Maslow)

„Gefühle, die ausgedrückt und dann von einem vertrauten Zuhörer bestätigt und validiert wurden, werden schwächer, ignorierte oder geleugnete Gefühle stärker. Aus einer nicht beachteten Katze wird ein Tiger.“
(Carl Gustav Jung)

„Jedes Lebensstadium hat seine spezifische Aufgabe, die wir zu einem bestimmten Zeitpunkt unseres Lebens lösen müssen. Wir müssen danach streben, diese Aufgabe zu erfüllen und dann zur nächsten schreiten.“
(Erik Erikson)

„Eine übergangene Aufgabe meldet sich in einem späteren Stadium wieder.“
(Erik Erikson)

„Die Menschen streben nach Gleichgewicht (Homöostase).“
(Steven Zuckerman)

„Wenn das Kurzzeitgedächtnis versagt, stellen sehr alte Menschen durch frühe Erinnerungen das Gleichgewicht wieder her. Versagt der Gesichtssinn, sehen sie mit dem inneren Auge, versagt der Gehörsinn, so holen sie Klänge aus der Vergangenheit.“
(Wilder Penfield)

„Frühe, gefestigte Erinnerungen überleben bis ins hohe Alter.“
(Friedrich Gotthard Schettler/George Scott Boyd)

„Das Gehirn ist nicht der einzige Verhaltensregulator im hohen Alter. Verhalten beruht auf einer Kombination von körperlichen, sozialen und intrapsychischen Veränderungen, die im Laufe des Lebens stattfinden.“
(Adrian Verwoerdt)

„Autopsien haben ergeben, dass viele sehr alte Menschen trotz ernster Beeinträchtigung des Gehirns relativ orientiert bleiben.“
(Charles Wells)

„Es gibt immer einen Grund hinter dem Verhalten von desorientierten, sehr alten Menschen."
(Naomi Feil)

„Jeder Mensch ist wertvoll – wie desorientiert er auch sein mag."
(Naomi Feil)

4.2 Zielgruppe für Validation

Laut Feil wird Validation nur bei desorientierten Menschen mit einer Demenz, nicht aber bei Alzheimerkranken, psychisch Kranken oder anderen angewendet.

Ich persönlich sehe Validation als eine Lebensphilosophie und bin der Meinung, dass eine Begegnung in der validierenden Grundhaltung jedem Menschen guttut. Jeder Mensch wünscht sich, *für gültig erklärt*, angenommen, ernst genommen und wertgeschätzt zu werden.

Bei der Anwendung der Validationstechniken muss jedoch auf die verschiedenen menschlichen Charaktere Rücksicht genommen werden. (Vgl. De Klerk-Rubin 2006, S. 20f.)

4.3 Anforderungen an den Validationsanwender

Diese Anforderungen und Prinzipien sind aus den Grundprinzipien der Analytischen und Humanistischen Verhaltenspsychologie abgeleitet. (Vgl. Feil 2005, S. 16f.)

» „Er urteilt nicht, sondern akzeptiert und achtet die Weisheit der alten Menschen." Carl Rogers
» Er ist immer ehrlich, denn desorientierte Menschen erkennen Unehrlichkeit (er muss aber nicht alles sagen, was er weiß).
» Er ist ein vertrauensvoller Zuhörer, der die Gefühle des anderen respektiert und weiß, dass jedes Gefühl echt ist.

» „Er weiß, dass sich der alte Mensch besser fühlt, wenn seine Gefühle bestätigt und validiert werden." Carl Gustav Jung
» Er hat Respekt vor der Privatsphäre des alten Menschen: Weder verschließt er sich den Gefühlen des alten Menschen noch forciert er sie.
» Er stimmt sich in den Klienten und in seinen Rhythmus ein, fängt verbale wie nonverbale Signale auf. Er kleidet Gefühle in Worte, bestätigt sie und gibt dem Menschen auf diese Weise seine Würde zurück.
» Er ist bereit, sich von seinen eigenen Wert- und Moralvorstellungen zu distanzieren und akzeptiert andere so, wie sie sind.
» Er erwartet nicht von allen desorientierten Menschen das gleiche Verhalten, sondern respektiert die individuellen Unterschiede.
» Er ist empathisch, (= die Fähigkeit, sich in die Einstellung anderer einzufühlen).
» Der Validationsanwender hat sich von der elterlichen Autorität abgenabelt und kann sich äußern, ohne Angst, abgelehnt zu werden.
» Er ist für seine Gefühle verantwortlich, auch wenn sie unangenehm sind.
» Der Validationsanwender weiß, dass desorientierte und sehr alte Menschen ihre unbewältigten Lebensaufgaben niemals vollständig lösen werden. Bis zu ihrem Lebensende werden sie innerlich damit beschäftigt sein.

4.4 Prinzipien der Validation

» „Erlerntes aus dem Langzeitgedächtnis ist bleibend. Wenn das Kurzzeitgedächtnis abnimmt, kommt früh Erlerntes wieder hervor, beispielsweise das Schreien." Wilder Pensfield
» Ein Ereignis aus der Gegenwart kann eine Erinnerung aus der Vergangenheit auslösen. Gegenwart und Vergangenheit werden vermischt.
» Ein körperlicher Verlust in der Gegenwart kann die anschauliche Erinnerung an ein früheres Gefühl anregen.

» Menschen, die bis ins hohe Alter ungelöste Aufgaben mit sich schleppen, betreten das letzte Stadium Verlorenes Ich. Sie streben danach, unerfüllte Aufgaben zu erledigen, um vor dem Sterben Frieden zu finden.

» Nicht beachtete Gefühle verstärken sich im Inneren.

» Bedürfnisse kommen aus dem Inneren des Menschseins und sind eine Kraft zur Lebensmotivation.

» Empathisches Zuhören (Validieren) erleichtert den Leidensdruck und verhindert den Rückzug in das Stadium des Verlorenen Ichs.

» Für eine validierende Begleitung ist es wichtig, den Menschen als einzigartiges Individuum mit individuellen Bedürfnissen zu sehen und auf diese zu reagieren. (Vgl. Scharb 1996)

„JEDER Mensch hat Bedürfnisse. Für die Lebensqualität und Zufriedenheit des Einzelnen ist die Erfüllung seiner Bedürfnisse von größter Bedeutung.“
Abraham Maslow[8]

4.5 Vier psychosoziale Grundbedürfnisse

Laut Feil kann ein Validationsanwender die herausfordernden Verhaltensweisen eines dementierenden Menschen einem der folgenden vier psychosozialen Grundbedürfnisse zuordnen (Vgl. Scharb 1996):

4.5.1 Sich sicher und geborgen fühlen

Ist dieses Bedürfnis nicht gestillt, schreien, schlagen, kratzen und beißen die Menschen. Sie schließen die Augen oder öffnen den Mund nicht, sie gehen auf und ab, suchen Schlüssel, wollen nach Hause, suchen die Nähe oder den Abstand und wollen jemanden berühren.

4.5.2 Status und Prestige besitzen

Bei fehlender Befriedigung dieses Bedürfnisses schimpfen die Menschen über andere. Sie jammern, stolzieren, reden von der Arbeit, wollen oder können sie aber nicht mehr tun und suchen und finden immer einen Schuldigen.

4.5.3 Produktiv sein und gebraucht werden

Bleibt dieser Wunsch unerfüllt, suchen sich Dementierende eine Tätigkeit. Sie wollen einen Tisch abwischen, etwas ordnen, kehren, Bettbezüge und Bettdecken zurechtstreifen oder sie wollen arbeiten gehen.

4.5.4 Spontane Gefühle äußern dürfen

Ist dieses Bedürfnis nicht befriedigt, sagen Dementierende ungefiltert das, was sie denken, sehen oder fühlen, und wenn man sie einschränken will, schimpfen oder schlagen sie um sich oder ziehen sich zurück.

4.6 Validationsziele

» Ansatzweise Befriedigung der Bedürfnisse des Dementierenden (Ich muss seine Bedürfnisse kennen.)
» Wiederherstellen des Selbstwertgefühls (Ich muss wissen, was ihm etwas wert ist.)
» Reduktion von Stress (Was löst bei ihm Stress aus? Selbstbestimmung erhalten)
» Rechtfertigung des gelebten Lebens (Er will Bestätigung, dass sein Leben richtig war.)
» Lösen der unausgetragenen Konflikte aus der Vergangenheit (Konflikte können stellvertretend für alte Erlebnisse stehen.)

» Reduktion chemischer und physikalischer Zwangsmittel (Medikamente auf Wirkung/Nebenwirkung und Dringlichkeit kontrollieren, bewegungseinschränkende Maßnahmen verhindern)
» Verbesserung der verbalen und der nonverbalen Kommunikation (Wer vertraut, lässt sich mehr auf Kontakte ein und kann besser reden.)
» Verhindern eines Rückzuges in das Verlorene Ich (Die Gegenwart muss sich lohnen, um nicht in Rückzug zu gehen.)
» Verbesserung des Hörvermögens und des körperlichen Wohlbefindens (Wer vertraut, kann besser hören und fühlt sich körperlich wohler.)
» Seine und nicht unsere Ziele erreichen (Meistens geben wir die Ziele vor.)
» Höhere Lebensqualität (Kommt mit der Erreichung der beschriebenen Ziele von selbst). (Vgl. Scharb 1996)

4.7 Vier Stadien der Desorientierung

Mit jedem Stadium der Demenz nimmt der körperliche Verfall zu. Durch den fließenden Übergang von einem Stadium zum anderen ist es oft schwer, sehr alte, verwirrte Personen einem Stadium zuzuordnen, da sie oft auch während eines Gesprächs zwischen den Stadien hin- und herwechseln. Es ist notwendig, dass die validierende Pflegeperson mit dem verwirrten, alten Menschen die Validationstechniken wechselt.

Einstufung der Demenz im Vergleich (selbst erstellt) nach Naomi Feil (Validation), nach Cora van der Kooij (Mäeutik ist laut Ulrich Schinder die holländische Form der Validation) und nach Dieter Hoffmann:

Einstufung nach:	Stadium 1	Stadium 2	Stadium 3	Stadium 4
Naomi Feil:	mangelhaft oder unglücklich, orientiert an der Realität	zeitreisend, Verlust der kognitiven Fähigkeiten	wiederholende Bewegungen ersetzen die Sprache	Verlorenes Ich, totaler Rückzug nach innen
Cora van der Kooij:	Bedrohtes Ich	Verwirrtes Ich	Verborgenes Ich	Versunkenes Ich
Dr. Dieter Hoffmann	A wie Achtung auf Abstand: sachlich, interessiert, Reporter	B wie berührender Begleiter: mitfühlender Freund	C wie charakterstarke Mutter eines Kleinkindes	D wie Daumenlutschen, Beruhigung eines Säuglings

Einstufung in die Stadien der Desorientierung

4.8 Validierende Grundhaltung

Anerkennung
Wertschätzung
Echtheit
Ehrlichkeit
Wohlwollen
Vertrauen
Verständnis
Einfühlen
Empathie
Zuwendung

Aufrichtigkeit
Geduld
Mitgefühl
ohne Vorurteile
hinhören
ernst nehmen

Liebe

„Die innere Natur jedes Menschen hat einige Merkmale, die alle anderen auch haben, und einige, die für den Einzelnen einzigartig sind. Das Bedürfnis nach Liebe charakterisiert jeden Menschen, der auf die Welt kommt."
Abraham Maslow[9]

Wenn nur zehn Prozent der psychosozialen Bedürfnisse erfüllt werden, sind Menschen glücklicher, zufriedener und können sich freier fühlen.

4.8.1 Authentizität in der Begegnung

Wenn wir in der Begegnung mit Menschen eine wertschätzende Haltung einnehmen, hat das eine nachweislich messbare und sichtbar positive Wirkung.

Unter „Wertschätzung" wird das Interesse an den vielen Kleinigkeiten verstanden, die dem Einzelnen etwas bedeuten.

So lernen Validationsanwender all das zu erkennen und zu schätzen, was momentan für den betreuten Menschen einen persönlichen Wert hat: Das kann eine schmutzige Unterhose sein oder eine undichte Blumenvase, die die Großmutter schon im Kasten hatte. Es kann sich auch um den Ehering oder die Knöpfe handeln, die in zehn Papiertüten eingewickelt und fein säuberlich zugeschnürt sind.

Wenn das individuell wertvolle Stück eine übergeordnete Bedeutung und Bewunderung von der betreuenden Person erhält, spürt der Dementierende die Hochachtung seiner persönlichen Wertigkeiten und fühlt sich wohl. Andererseits kann eine andauernde validierende Grundhaltung und wertschätzende Begegnung zur Überforderung für pflegende Angehörige und das Pflegepersonal werden, wenn sie zu starr eingefordert wird.

Wenn wir aber mit dem Wahrnehmen und Erkennen der psychosozialen Bedürfnisse der Dementierenden anfangen und sie auch nur teilweise befriedigen, sind die betreuten Personen und wir als Betreuer ausgeglichener und fühlen uns wohl.

4.8.2 Bedürfnisorientierte Pflege und Betreuung

In einer bedürfnisorientierten Pflege sollte immer auf die Bedürfnisse des Betreuers und die der Klienten geachtet werden. Unbefriedigte Bedürfnisse können eine gute Pflege verhindern.

Fallbeispiel: *Darf man Menschen warten lassen?*

Egon hat bei einem herausfordernden Betreuten die Morgentoilette ge-
macht. Der Betreute war mit Kot verschmiert und hat sich heftig ge-
gen das Waschen gewehrt. Trotz seines freundlichen Bemühens wurde
Egon geschlagen. Beim Verlassen des Zimmers ist er noch aufgeregt und
will ein Glas Wasser holen, um sich zu regenerieren, damit er sich dem
nächsten Bewohner wieder zuwenden kann, ohne die Frustration über-
tragen zu müssen.

Agnes, eine Betreute, sitzt im Aufenthaltsraum, ruft laut und winkt,
sie müsse sofort nach Hause. Egon will erst die Wäsche versorgen, seine
Hände waschen, das Wasser trinken und dann zu Agnes gehen. Deshalb
schleicht er sich hinter ihrem Sessel vorbei, um nicht gesehen zu werden.
Er fühlt sich schlecht dabei, obwohl er anschließend zu ihr gehen will.

Egon will sich ausgeglichen und ohne Stress ihren Wunsch anhören
und sehen, was er tun kann, aber es bleibt ihm nichts anderes übrig, als
sie warten zu lassen. Er muss sich zuerst um sich selbst kümmern, um
nicht den Ballast der vorherigen Erfahrung an ihr auszulassen.

Er versucht sich zu entspannen, um ihr später ohne Schuldgefühl
freundlich begegnen zu können.

Es ist hier wichtig, dass er seine getane Arbeit mit einem guten
Gefühl beendet, um die neue mit Zuversicht anfangen zu können.

Der langsame Verlust ihres *Ichs* verunsichert die Dementen
und deshalb brauchen sie verlässlichen Halt von außen. Sie brauchen Menschen, die mit ihnen eine Beziehung eingehen, auf die
sie sich verlassen können.

Gefälle als Konflikt

Oft besteht in der Begleitung alter Menschen ein unausgewo-
genes Machtverhältnis, das sich äußerlich in der Begegnung des
stehenden Personals mit dem sitzenden Bewohner widerspiegelt.
Der Betreuer steht neben seinem Klienten und fragt, was er gerne
hätte. Das Gefälle von oben nach unten entspricht einem Macht-

gefälle in der Beziehung. Wenn er zu dem anderen aufblicken muss, fühlt sich der Mensch klein und ausgeliefert, während sich der Stehende mit dem Blick nach unten als erhaben erlebt. Für eine respektvolle Begegnung ist die gleiche Augenhöhe wichtig.

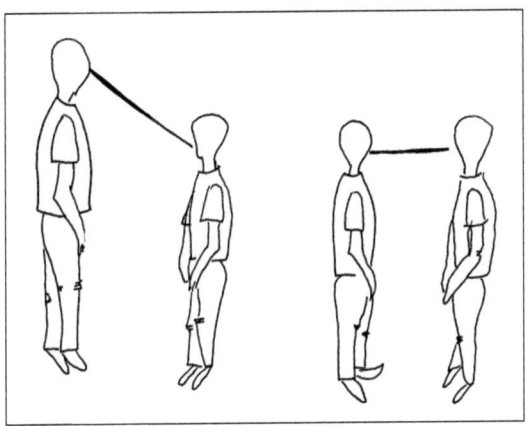

Beziehungsgefälle, E. Feurstein

Solche Situationen sollten vom Pflegepersonal erkannt werden, damit nicht fälschlicherweise eine nicht zuordenbare Aggression diagnostiziert und mit falschen Mitteln behandelt wird.

4.8.3 Reden, Tun und Sein aus geragogischer Sicht

Das Reden, das Tun und das Sein sind in der Geragogik wesentliche Orientierungspunkte für die Begleitung von Menschen. Im Allgemeinen reden wir, bevor wir tun, und auf unser Sein vergessen wir, weil ja so viel zu tun und zu reden ist.

> *„Wie komme ich dazu, immer etwas sein zu müssen,*
> *statt einfach nur zu sein?"*
> Heinrich Zimmer[10]

89

Das Müssen hat einen negativen Beigeschmack. Wenn wir etwas tun müssen, dann wird es bald zur Belastung, wenn wir aber etwas tun wollen, macht es uns Spaß und ist mit Freude und Leichtigkeit zu schaffen. Es liegt an uns und unserer Einstellung, ob wir die Arbeit gerne und gründlich machen und dennoch Raum finden, dem alten Menschen und uns ein wenig Zeit zu schenken. Denn oft genügt es dem alten Menschen, wenn ein Betreuer einfach nur da ist, ohne etwas zu wollen.

Im üblichen Tagesablauf kommt dieser meist nur dann zum Betreuten, wenn eine pflegerische Handlung zu tun ist oder ein Gespräch geführt werden soll.

Die wahren Werte des dementierenden Menschen liegen aber im *Sein* und nicht in dem, was man noch *tun* oder *reden* muss.

Eine engmaschige Diensteinteilung und der damit verbundene Zeitdruck verhindern das Einfach-für-den-anderen-Da-Sein. Das *Tun* und *Reden* werden meistens überdimensional abgedeckt, aber das *Sein* wird vernachlässigt.

4.8.4 Tempo in der Arbeit mit Menschen

Je mehr sich dementierende Menschen in sich zurückziehen, umso langsamer sollten die Begegnungen mit ihnen gestaltet werden.

Geschichte

Stell dir vor: Ich fahre auf der Autobahn mit circa 90 km/h gemütlich dahin. Du fährst in deinem BMW mit circa 190 km/h von hinten auf mich zu und setzt gerade zum Überholen an, als du auf der Überholspur einen Porsche siehst, der noch schneller ist als du. Du hältst dich sofort am Lenkrad fest, trittst voll auf die Bremse und schaffst es, mit hochrotem Kopf und Herzrasen, dein Auto, kurz bevor du auf meines auffährst, hinter dem Porsche auf die Überholspur zu wechseln. Du beschimpfst mich, zeigst mir den Mittelfinger und fährst mit vollem Tempo weiter.

Hast du schon so eine Situation erlebt? Dann weißt du ja, wie man sich in dieser Bremssituation fühlt. Oder warst du schon Beifahrer in einem Auto, dessen Lenker immer mit Vollgas auf den Vordermann auffährt, dann bremst, um nach fünf Sekunden wieder mit Vollgas aufzufahren. Fahren, bremsen, fahren, bremsen: Wem da nicht schlecht wird, der hat einen guten Magen.

Ein demenziell veränderter Mensch, der nicht selbst gehen kann, *fährt* circa 0,1 km/h im Gegensatz zum Pflegepersonal, das 190 km/h *fährt*. Er sitzt meist von 8 Uhr früh bis mittags und dann von 14 Uhr bis zur Bettgehzeit auf einem Sessel. Das Pflegepersonal hingegen muss die Routinearbeiten zügig verrichten und bei Dementierenden stoppen oder langsam fahren. Es muss bei Besuchern beschleunigen und bei dem alten Menschen wieder abbremsen. So rennen Pflegepersonen oft von einem Zimmer in das andere und verausgaben ihre Energie im Wechseln der vielen verschiedenen Tempos der einzelnen Bewohner. Diese Arbeitsweise wird von den Trägern der Institutionen in der Altenarbeit erwartet. Für den Pflegenden und die Betreuten ist sie ein Dilemma, weil die Begegnungen so meist seelenlos bleiben und für beide Parteien unbefriedigend sind.

Wir rennen der Seele davon

In der Schnelligkeit und in den kurzen Pflichtanwesenheiten sind wir zwar körperlich anwesend, aber die Seele fehlt. Sie hat keine Chance, sich zu entfalten, wenn wir schnell zu Frau M. gehen und bevor wir bei ihr ankommen, schon wieder bei Herrn Z. sind, weil er schon länger wartet.

Um für den anderen da zu sein, müssen wir uns in der Pflege und Betreuung *entschleunigen* und immer wieder überprüfen, ob das Tempo der Seele eingehalten wird.

Menschen mit Demenz orientieren sich nachweislich mehr an dem, was sie spüren, als an dem, was sie äußerlich sehen, das heißt, sie reagieren vorwiegend aus ihrem Gefühl. Im Tempo können sie uns sehen, aber nicht spüren.

Geschichte: Und ich war schneller ...

Einmal fuhr ein Cowboy mit seinem großen Auto durch die Prärie. Bis zur nächsten Stadt hatte er noch mehrere Stunden Fahrt vor sich. Da sah er in einiger Entfernung einen Indianer am Straßenrand stehen. Der Cowboy hielt an und bot dem Mann eine Mitfahrgelegenheit an. Der Indianer nahm das Angebot dankbar an. Die Fahrt verlief schweigend. Nach vier Stunden, sie waren schon fast am Ziel, sagte der Indianer plötzlich: „Bitte können Sie anhalten! Ich möchte hier aussteigen." *Verwundert erwiderte der Cowboy: „Bis zur nächsten Stadt sind es noch 50 km, hier lebt doch keiner, ich bringe Sie gerne zu ihrem Zielort." Der Indianer bestand aber auf seinem Vorhaben. Der Fahrer ließ ihn aussteigen und fragte nochmals zur Sicherheit nach: „Was wollen Sie denn jetzt machen?" „Ich werde mich an den Straßenrand setzen und warten, bis meine Seele nachkommt", antwortete der seltsame Mitfahrer. Etwas nachdenklicher als zuvor setzte der Cowboy seine Fahrt fort.*

In der Begleitung von dementierenden Menschen ist es wichtig, sie in ihrer inneren Erlebniswelt abzuholen, da anzuknüpfen, wo sie im Moment mit ihrem Gefühl sind.

Sie leben im Hier und Jetzt und was vor einer Minute war oder in einer Minute sein wird, ist nicht relevant.

Eine relative Ausgeglichenheit von Körper, Geist und Seele bringt für Dementierende und ihre Begleiter Lebensqualität. Im Vertrauen zueinander können sich Dementierende besser auf eine Beziehung einlassen und sich öffnen.

> *„Einfühlungsvermögen schafft Vertrauen, Vertrauen schafft Sicherheit, Sicherheit schafft Stärke, Stärke fördert das Selbstvertrauen, Selbstvertrauen verringert Stress."*
> Naomi Feil[7]

Ausgeglichenheit, E. Feurstein

Tempo im Gespräch

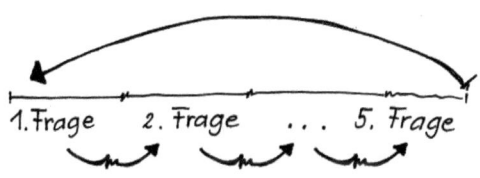

Frage - Antwort, E. Feurstein

Manchmal ist ein Mensch im Denken verlangsamt und wird, weil niemand die Zeit hat zu warten, als dementierend bezeichnet.

Während meiner Ausbildung zum Validationsanwender musste ich die Gespräche mit dementierenden Menschen am Diktaphon aufnehmen und transkribieren.

In einem Gespräch mit einer Frau stellte ich eine Frage. Ich wartete lange auf eine Antwort, doch es kam nichts. Ich stellte eine zweite Frage, eine dritte, eine vierte und wartete jeweils einige Zeit auf eine Antwort.

Bei der fünften Frage kam eine Antwort, die aber in keinem Zusammenhang mit meiner zuletzt gestellten Frage stand.

Beim Transkribieren des Gespräches erkannte ich, dass die Antwort zur fünften Frage auf die erste Frage ganz genau passte. Mir wurde klar, dass ich trotz meiner Langsamkeit immer noch viel zu schnell vorging. Dennoch hat es sich für sie gelohnt, mir zu antworten, das heißt, ich habe sie erreicht, wenn sie mir auch gleichzeitig ihre Verwirrtheit gezeigt hat.

Übung

Setz dich entspannt hin und spüre einfach die Zeit.

Ein Kollege schaut auf die Uhr und sagt „jetzt", wenn er mit Zählen beginnt. Nach 30 Sekunden sagt er wieder „jetzt".

Tempo im Gespräch, E. Feurstein

Hast du gemerkt, wie lange 30 Sekunden sind, wenn man wartet? Hättest du das vor Beginn der Übung geglaubt?

Ich nehme an, dass ich trotz meines vermeintlich langen Wartens keine 30 Sekunden auf eine Antwort gewartet habe. Die Frau aber in ihrer demenziellen Langsamkeit musste erst denken und den Gedanken finden, um zu antworten. Und jetzt die Frage: „Wie dement ist sie, wenn sie ihre Zeit und Aufmerksamkeit bekommt?"

5

VALIDATIONSMETHODEN

**Ein Schlüssel zur inneren Erlebniswelt
dementierender Menschen**

*„Wer als Werkzeug
nur einen Hammer hat,
sieht in jedem Problem
nur einen Nagel."*
Paul Watzlawick[13]

L. Berchtold

*„Nach unserer Erfahrung ist ein Begleiter, der versucht,
eine Methode anzuwenden, zum Misserfolg verurteilt,
solange diese Methode nicht mit seinen eigenen
Grundeinstellungen übereinstimmt."*
Carl Rogers[14]

Es kann nicht jede Methode oder jeder Validationsanwender bei
jedem dementierenden Menschen erfolgreich sein. Die im Folgenden angeführten Methoden stammen aus der Kommunikationstheorie und wurden zum Großteil von Naomi Feil und
Brigitte Scharb beschrieben. (Vgl. Feil 1999 und Scharb 1996)

5.1 Grundeinstellung

5.1.1 In Verbindung sein

Mit Verbindung ist die intensive Beziehung zwischen Betreuer und seinem Gegenüber gemeint. *In Verbindung sein* wird in der Validation als Basis für das Begegnen, Abholen und Begleiten des alten Menschen gesehen. Ob der Anwender in Verbindung ist, zeigt sich, wenn ein gemeinsames Schwingen und Dasein im gleichen Rhythmus, *auf der gleichen Wellenlänge* spürbar ist. Diese Phänomene kann man häufig beobachten und sie sind leicht zu erkennen.

Dabei spielt die gegenseitige Resonanz eine wesentliche Rolle: Zum Beispiel erkennt man bei verliebten Paaren, die sich im Restaurant unterhalten, ob der Abend noch schön ausklingen wird oder eher nicht:

» an der Bezogenheit und Synchronizität ihrer Bewegungsabläufe
» an den Rhythmen, in denen sie sich zunicken
» an ihren gemeinsamen Haltungsveränderungen
» an der Angleichung ihrer Stimmen und der Lautstärke, am Sprechrhythmus, an der Grundmelodie der Sprache und der Tonhöhe (meist mittlere Tonhöhe).

Validationsanwender können innerhalb der Beziehung wahrnehmen, ob eine positive Verbindung vorhanden ist,

» wenn sich zum Beispiel ein Lächeln oder Lachen synchron aufbaut
» wenn die Körperhaltung ohne größere Abweichung übernommen wird
» wenn Impulse zur Angleichung der Stimme (wie oben beschrieben) aufgenommen werden und zu Synchronizität führen.

Gibt es aber bei Stimme, Körperhaltung und anderem gravierende Abweichungen, so ist keine oder nur eine negative Verbindung vorhanden. Dann findet also das *Schwingen auf der gleichen Wellenlänge* nicht statt.

Hier ist eine validierende Grundhaltung Voraussetzung, das heißt, der Anwender stellt sich immer wieder neu auf sein Gegenüber ein und begleitet einfühlsam den Menschen mit seiner einzigartigen Persönlichkeit. Werden die Merkmale der Verbindung regelmäßig beobachtet, so lernt der Anwender, sie immer wieder zu erkennen und findet damit den Zugang zur betreuten Person, auch wenn diese sich verbal nicht mehr eindeutig ausdrücken kann.

In Verbindung sein kann der Validationsanwender durch Achtsamkeit und Übung lernen.

5.2 Haltungen und Einstellungen

Folgende Aktivitäten sind in der validierenden Kommunikation in Bezug auf Haltung und Einstellung wichtig:

Zuhören: Das Hinhören-Können ist eine spezifisch menschliche Fähigkeit. Erst das Hinhören ermöglicht das Antworten. Menschen fühlen sich dadurch angesprochen und es setzt sich in ihnen etwas in Bewegung.

Annehmen: Zuhören in einer Art und Weise, die den anderen zur Entfaltung seiner Möglichkeiten bringt, ist nur möglich, wenn wir uns diesem anderen auch wirklich zuwenden und ihn mit seinen Begrenzungen und Hoffnungen annehmen. Wir müssen ihm bekunden, dass wir an ihn glauben und er uns vertrauen kann. Eine solche Botschaft kann nur vermitteln, wer in sich selbst gefestigt ist, eine gewisse Unabhängigkeit hat, so dass er den anderen *lassen* und *sein lassen* kann.

In Worte fassen: Erst wenn man dem Gegenüber deutlich machen kann, dass man ihn gehört und verstanden hat, kann der andere sich öffnen. Wir müssen also lernen, das, was er uns signalisiert (verbal oder nonverbal), so in Worte zu fassen, dass er sich nicht nur verstanden fühlt, sondern sich in unserem Spiegel besser und tiefer verstehen und erkennen kann. Nichts ist unwichtig, nichts ist dumm, nichts soll überhört werden.

Nicht das Bewerten, Erklären oder Belehren steht im Vordergrund, sondern das aufmerksame Zuhören, das sich in unseren Worten und in unserer Haltung ausdrückt. Dieses *In-Worte-Fassen* oder Verbalisieren muss gelernt werden. Auf keinen Fall darf es als bloße Technik eingesetzt werden. Jedoch wichtiger als jede Gesprächstechnik ist es, offen und ehrlich zu sein. Wir müssen uns fragen, ob wir uns jetzt auf ein Gespräch einlassen können oder wollen. Hier liegt die Grenze dessen, was gelernt werden kann. Wir können uns nur auf ein Gespräch einlassen, das wir auch wollen.

Sich selbst einbringen: Es gibt kein *passives* Zuhören im Sinne des inaktiven Zuhörens. Wir sind mit unserer ganzen Person und mit allen unseren Sinnen das entscheidende Instrument dafür, dass ein Gespräch gelingt. Nur wer sich ehrlich ins Gespräch einbringt, wird beim Gesprächspartner *ankommen*. Ohne diese Offenheit führt die Konfrontation im Gespräch nicht zu Einsichten und ohne Einsicht gibt es keine Veränderung. Wer zum Beispiel selbst raucht, wird wenig Erfolg haben, wenn es darum geht, einen anderen vom Rauchen abzuhalten.

Freimachen von inneren Spannungen: Nur wenn wir ein bewusstes Verhältnis zu unseren eigenen inneren Belastungen haben, können wir uns auf das Gegenüber wirklich einlassen und bewusst zuhören. Desorientierte Personen spüren genau, wie aufrichtig man sich in die Beziehung mit ihnen einlässt und honorieren Empathie mit Vertrauen. Nur wenn die desorientierte Person uns ihr Vertrauen schenkt, wird die validierende Pflegearbeit auch erfolgreich sein können.

Höre bei allen Interaktionen mit Dementierenden immer auf dein Bauchgefühl. Du spürst, ob diese Interaktion stimmig ist oder nicht. Bei einem mulmigen Gefühl unterbreche die Interaktion für eine Zeit, um sie später mit einem guten Gefühl weiterzuführen. Ein negatives Gefühl kann von dir oder vom anderen ausgehen und hat nicht zwangsläufig mit dem Gespräch zu tun.

Geschichte

Ich treffe auf der Straße einen Kollegen, den ich schon längere Zeit nicht mehr gesehen habe. Obwohl ich ihn freundlich grüße, benimmt er sich recht eigenartig, in sich gekehrt und entfernt sich rasch. Weil er sich so eigenartig verhält, überlege ich mir, was ich falsch gemacht haben könnte. Mir fällt dazu nichts ein, deshalb rufe ich ihn nach circa einer Woche an. Ich erzähle ihm, wie es mir seit unserer letzten Begegnung geht und welche Fragen ich mir schon gestellt habe. Er hört meine Geschichte an und erklärt mir dann, dass er an diesem Tag eine schlechte Nachricht von seinem Chef erhalten habe, die seine Gedanken ganz in Beschlag genommen habe. Das Ganze habe mit mir nichts zu tun. Er wollte davon noch niemandem erzählen und mich damit nicht belasten. Das heißt also, dass wir die Ursache für ein mulmiges Gefühl erst abklären sollten, bevor wir ein unnötiges Schuldgefühl haben.

5.3 Verantwortung für Gefühle übernehmen

„Nicht die Tatsachen selbst machen das Leben schwer,
sondern unsere Bewertung der Tatsachen."
Epiktet[15]

Was andere sagen oder tun, kann ein Auslöser für unsere Gefühle sein, ist aber nie ihre Ursache.

Gefühle entstehen als Ergebnis unserer Bedürfnisse oder Erwartungen, aus unserer freien Entscheidung. Deshalb kommt es immer darauf an, wie wir das, was andere sagen oder tun, aufnehmen. Wir sollten lernen, die Verantwortung für unsere Handlung als Ursprung unserer Gefühle zu erkennen und anzunehmen.

5.3.1 Vier Reaktionsmöglichkeiten auf verbale/ nonverbale negative Äußerungen

1 – Uns selbst die Schuld geben

Die erste Möglichkeit, auf negative Äußerungen zu reagieren, ist, sie persönlich zu nehmen, das heißt, Vorwürfe oder Kritik zu hören und sie für berechtigt zu halten. Zum Beispiel kann jemand zu uns sagen: „Du bist der eingebildetste Mensch, den ich je kennengelernt habe!" Nehmen wir diese Äußerung persönlich, werden wir uns selbst in Frage stellen und denken: „Hätte ich aufmerksamer sein sollen oder habe ich mich in den Vordergrund gedrängt?" Wenn wir das Urteil des anderen so akzeptieren, geben wir uns selbst die Schuld, was wiederum unserem Selbstvertrauen sehr schadet. Es kann infolgedessen zu Schuldgefühlen, Scham und Depressionen kommen.

2 – Anderen die Schuld geben

Die zweite Reaktionsmöglichkeit ist, den anderen zu beschuldigen. Unsere Antwort auf „Du bist der eingebildetste Mensch, den ich je kennengelernt habe!" könnte dann der Protest sein. „Genau du bist der, der sich immer in den Vordergrund drängt und alles besser weiß. Ich habe immer Rücksicht auf dich genommen und das ist der Dank!" Wenn wir uns angegriffen fühlen und die Schuld dem anderen zuschieben, ärgern wir uns.

3 – Unsere eigenen Gefühle und Bedürfnisse wahrnehmen

In einer dritten Reaktion auf negative Äußerungen könnten wir mit wachem Auge unser eigenes Bewusstsein, unsere Gefühle und Bedürfnisse wahrnehmen und auf den Vorwurf erwidern: „Wenn ich höre, dass du mich für eingebildet hältst, verletzt mich das, weil ich mich in deiner Anwesenheit extra zurücknehme und will, dass meine Bemühungen von dir wahrgenommen werden."

Wenn wir unsere Aufmerksamkeit auf unsere eigenen Gefühle und Bedürfnisse richten, wird uns bewusst, dass unsere Verletzung aus mangelnder Wahrnehmung und Anerkennung resultiert.

4 – Die Gefühle und Bedürfnisse des anderen wahrnehmen

In der vierten Möglichkeit, eine negative Aussage anzunehmen, versuchen wir mit unserem ganzen Bewusstsein die aktuellen Bedürfnisse und Gefühle des anderen wahrzunehmen und zu verstehen. Dann könnten wir fragen: „Bist du verletzt, weil du mehr Aufmerksamkeit von mir brauchst?"

Wir alle kennen diese Reaktionen aus unserem Pflegealltag: Wenn ein dementierender Mensch uns beschuldigt, ihm etwas gestohlen zu haben oder wenn wir gerade eine halbe Stunde bei ihm im Zimmer waren und er beim Abschied sagt, dass wir nie Zeit für ihn hätten.

Auch die Dementierenden reagieren aus einer dieser Positionen, wenn wir ihnen bei Pflegetätigkeiten, beim Essen oder Trinken behilflich sein wollen und sie sich schon wieder genötigt fühlen.

In der Validation versuchen wir bewusst, mit der vierten Möglichkeit eine für alle befriedigende Lösung der Situation zu erlangen. Es geht auch hier darum, Verbindung aufzunehmen, wahrzunehmen, zu verstehen und lösungsorientiert zu handeln. (Vgl. Rosenberg 2010, S.69f.)

5.4 Methoden

5.4.1 Zentrieren

Um zu sich zu kommen, konzentriert sich der Validationsanwender auf seine Atmung, um das, was belastet, ärgert oder frustriert, loszulassen. Jede Validationssitzung sollte mit so einer Übung beginnen (circa drei Minuten).

1. Konzentriere dich auf einen Punkt ungefähr fünf Zentimeter unterhalb der Körpermitte.
2. Atme tief durch die Nase ein und fülle deinen Körper mit Luft. Atme durch den Mund wieder aus.
3. Lass die inneren Dialoge immer mehr los und widme deine ganze Aufmerksamkeit dem befreienden Atmen.
4. Wiederhole diesen Vorgang achtmal.

5.4.2 Aktives Zuhören

> *„Am besten überzeugt man andere mit den Ohren,*
> *indem man ihnen zuhört."*
> Dean Rusk[16]

Aktives und geschultes Zuhören ist die wichtigste ärztliche und pflegerische Fähigkeit. Aktives Zuhören fällt schwerer als Sprechen. Ein wesentliches Merkmal des Validationsanwenders besteht darin, ein guter Zuhörer zu sein.

1. Richtiges Zuhören beinhaltet vor allem, dass wir versuchen zu verstehen, was unser Gegenüber (auch *zwischen den Zeilen*) sagt.
2. Wenn wir die Geschichten des anderen schon kennen, hören wir oft nicht mehr so genau hin.

3. Wenn wir aber nicht genau hinhören, wissen wir nicht, mit was sich der andere gerade beschäftigt, wir wissen nicht, ob es ihm gut oder schlecht geht, was er sich wünscht oder ob er etwas Wichtiges sagen möchte.

4. Zuhören braucht Aufmerksamkeit. Wenn der Zuhörer schon über die Antwort nachdenkt, dann kann er nicht wirklich zuhören.

Übung: Aktives Zuhören

» Suche dir einen Übungspartner, haltet Blickkontakt.
» Stelle einen Wecker auf zehn Minuten.
» Nun erzählt der eine Partner zehn Minuten etwas aus seinem Leben
» Der andere hört aufmerksam zu und wiederholt nach den zehn Minuten die Geschichte, die er gehört hat, so genau wie möglich. Er beginnt mit dem Satz: „Du sagst, dass …"
» Wenn der Zuhörer Falsches erzählt oder Wichtiges auslässt, wiederholt der Erzähler die Geschichte, damit der Zuhörer sich an der richtigen Aussage orientieren kann.
» Das geht so lange hin und her, bis der Erzähler mit der Rekonstruktion zufrieden ist und sich verstanden fühlt.
» Dann werden die Rollen getauscht.

Bei demenziell veränderten Menschen treten bereits sehr früh Störungen in der Kommunikation auf. Beispielsweise scheitern sie, trotz eindeutigem Kontext, an Mehrdeutigkeiten, Indirektheiten, bildhafter Redeweise oder Sprichwörtern.

Dementierende verlieren das abstrakte Denken und können Gehörtes und Gelesenes nicht mehr richtig deuten.

Beispiel: Ein Dementierender liest in der Zeitung: „Ein Polizist ging an einem Hund vorbei und dann hat er ihn gebissen." Darauf fragt der Dementierende: „Warum beißt der Polizist den Hund?"

Bei fortschreitender Entwicklung der Demenz kommt es zu gravierenden Einbrüchen der kommunikativen Fähigkeiten. Deshalb ist es sinnvoll, bei der Kommunikation früh den nonverbalen Bereich mit allen Sinnen gezielt einzubeziehen, zum Beispiel das Mitgeteilte durch Gestik, durch gezeigte Gegenstände, durch Riechen oder Fühlen zu unterstützen. Dies erleichtert die kognitive Verarbeitung des Gesagten für den Dementierenden. Eine bildhafte Sprache ist zu vermeiden, da Demenzkranke in der Regel das Gesagte wörtlich nehmen.

Gute validierende Kommunikation geschieht, wenn

» sich der verwirrte Mensch gehört und verstanden fühlt
» man einen Zugang zu seiner inneren Erlebniswelt schafft
» eine angenehme, vertrauens- und verständnisvolle Atmosphäre besteht
» sich unser Verhalten auf die Stimmung und auf das Gefühl des Klienten einstellt:
  › Tonfall, Lautstärke
  › Mimik, Gestik
  › Sprechtempo
  › Atmung
  › Körperhaltung, Bewegung

Schlechte Kommunikation geschieht, wenn man

» sanktioniert
» mit der Wahrheit konfrontiert
» verbessert
» so tut, als würde man glauben, was der Dementierende behauptet
» lügt
» bevormundet
» beschwichtigt

5.4.3 Grundregeln für das validierende Gespräch

Ein Validationsanwender

» nimmt die Aussage und das Verhalten des Klienten wahr
» überlegt, welches Gefühl hinter dieser Aussage oder dem Verhalten stehen könnte
» kann dann das Gefühl oder Verhalten annehmen, zulassen, akzeptieren, bestätigen d. h. es validieren

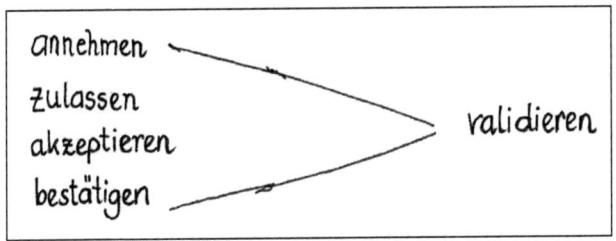

Grundregeln für das validierende Gespräch

Validieren heißt also, sich ein möglichst genaues Bild vom Verhalten eines Betreuten zu machen, hinzuhören, was er sagt, und zu spüren, welches Gefühl dadurch ausgelöst wird.

Beispiel: Wir nehmen *Symptome* wie Schreien und Rufen, ein vergrämtes Gesicht oder eine gebeugte Haltung wahr und interpretieren die *Ursache* von körperlichem oder seelischem Schmerz wie Trauer, Hunger, Angst, Einsamkeit, Hilflosigkeit oder Langeweile.

Behandlung: In der Regel werden die Symptome mit Schmerz- oder Beruhigungsmedikamenten (Neuroleptika, Tranquilizer, Antidepressiva) behandelt. Wenn wir aber die Ursache statt der Symptome beseitigen, braucht dieser Mensch nur selten Medikamente.

Psychosoziale Begleitung: Mitfühlen, hinhören, einfach da sein, bei Bedarf berühren, trösten, unterstützen, annehmen, zulassen, akzeptieren, bestätigen.

In der Validation ist neben der Wahrnehmung und der Beobachtung der Symptome auch die Suche nach deren Ursache von großer Bedeutung.

Die Behebung der psychosozialen Ursachen kann die Lebensqualität wieder erhöhen und ist einer Medikamentengabe immer vorzuziehen.

5.4.4 Fragen

Oft können Dementierende ihre eigenen Gefühle nicht verstehen. Um mit Erfolg zu kommunizieren, vermeiden wir Fragen und Berührungen, die den Betreuten zwingen, Empfindungen einzugestehen.

Stattdessen stellt man Tatsachenfragen: „Wer? Was? Wo? Wie? Wann?" Die Fragewörter „warum" und „wieso" soll man strikt vermeiden, weil sie zum Eingestehen von Empfindungen zwingen.

5.4.5 Therapeutischer Tischbesuch (TTB)

Unter TTB versteht man das systematische und zeitlich kurz begrenzte Aufsuchen von pflegebedürftigen Menschen unter Einbezug kommunikationsanregender Medien. (Vgl. Kiefer 2007)

» Intensiver Hand- und Augenkontakt
» Individuelle Ansprache, eventuell mit biografiebezogenem Material
» Gespräch mit jedem Anwesenden im Raum
» Stetig (ein- bis siebenmal pro Woche)
» Zeit: mindestens eine Minute und maximal drei Minuten pro Person

Ablauf des TTB: Begrüßung, kurze und anregende Kommunikation, Verabschiedung

5.4.6 Zusammenfassen und Wiederholen

Wiederholen bedeutet, dass der Validationsanwender den Sinn dessen, was der Klient gesagt hat, nochmals verinnerlicht. Dann wird mit den gleichen Schlüsselwörtern (aber in eigenen Worten) wiederholt, was der Klient gesagt hat. Dabei sollte auch auf den Klang der Stimme und die Sprachmelodie eingegangen werden. Wenn beispielsweise ein Klient sehr schnell spricht, sollte man auch schnell reden.

5.4.7 Extreme einsetzen (Polarity)

Hier fordert man den Klienten auf, bei einer Beschwerde an das Schlimmstmögliche zu denken. Wenn der Klient daran denkt, drückt er seine Gefühle intensiver aus und empfindet dadurch Erleichterung. Wann war es besonders schlimm?

Beispiel: Eine Pflegeperson will eine Frau validieren, die sich beschwert, dass das Essen ungenießbar sei. Die Pflegeperson fragt: „Ist dies das schlechteste Hühnchen, das Sie je gegessen haben?"

Beispiel: Eine Freundin hat panische Angst vor der Abschlussprüfung. Das Extrem: Was machst du, wenn du durchfällst? Sie setzt sich mit dem Schlimmsten auseinander und kann sich Lösungen überlegen.

5.4.8 Sich das Gegenteil vorstellen

Eine effektive Validationsmethode ist, sich das Gegenteil einer belastenden Situation vorzustellen. Sie wirkt aber erst dann, wenn das schlechte Gefühl vergangen ist, das heißt, wenn das Extrem abgefragt ist, kann man das Gegenteil fragen, das oft zu einer bereits bekannten Lösung führt, vorausgesetzt, der sehr alte Mensch vertraut dem Validationsanwender.

Beispiel: Eine Frau klagt darüber, dass jede Nacht ein Mann ihr Zimmer betrete. Um sie zu validieren, fragt die Pflegende, ob es Nächte gebe, in denen er nicht komme. Da fällt der Frau ein, dass er nicht kommt, wenn sich noch eine andere Person im Zimmer aufhält.

Nachfolgend kommt dann ans Licht, dass die Frau bis zum Tod ihres Mannes nie gerne alleine war und niemals alleine gelebt hat.

5.4.9 Erinnern – Lösungen aus der Vergangenheit

Der Validationsanwender kann einem Klienten helfen, eine ihm bekannte Lösung zur Stressbewältigung aus der Vergangenheit zu finden. Das Durchforsten der Vergangenheit führt dazu, dass man bereits bekannte Lösungsansätze eines Problems wieder einsetzt.

Fragen wie „War das immer so oder war das niemals so?", „Wie war das früher?" und „Was hätte Ihre Mutter oder Ihr Vater in dieser Situation gemacht?" können helfen, Lösungsansätze aus der Vergangenheit zu finden.

5.4.10 Do *Raank abspringo*

Wenn ein Bewohner immer um dieselbe Zeit nach Hause will oder schreit oder ein neues Essen bestellt, dann kann ihn der Validationsanwender circa 10 bis 15 Minuten vor dieser Aktion mit einer positiven Intervention – einem Thema aus seiner Biogra-

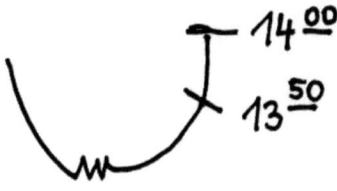

„Do Raank abspringo", E. Feurstein

fie, das ihm wohltut – *abholen*. Wenn der Betreute diesen Impuls täglich bekommt, wird sich sein Drang mit der Zeit verlieren.

5.4.11 Tanzen

Beim Tanzen ist die Sprache keine Voraussetzung. Tanzen fördert die soziale Interaktion in einer spielerischen Form, wobei die Defizite nicht schwer ins Gewicht fallen und von der Gesamtgruppe mitgetragen werden. Auch sehr zurückgezogene Bewohner werden durch Tanzen und die Musik wieder aktiv. Vom Tanzen profitieren das Selbstwertgefühl, die Identität und auch die Lebensfreude der alten Menschen. Tanzen bestätigt soziale Kompetenz und verschafft Kontakte, die Freude machen.

Wenn die Betreuer sich passiv verhalten, verhalten sich dementierende Menschen ebenfalls passiv.

5.4.12 Kalibrieren

Wir alle nehmen die Welt mit unseren Sinnen wahr: Wir hören, sehen, spüren, riechen und schmecken. Meistens ist ein Sinnesorgan bevorzugt. Voraussetzung für die gute Kommunikation ist nun, das bevorzugte Sinnesorgan unseres Klienten herauszufinden und das Verhalten darauf abzustimmen, Tonfall, Lautstärke und Sprechtempo nachzuahmen und auf den Gesprächsinhalt einzugehen.

VAKOG-Modell

Die Wahrnehmungskanäle des Menschen:

» visuell = sehen
» auditiv = hören
» kinästhetisch = fühlen
» olfaktorisch = riechen
» gustatorisch = schmecken

Beim Kalibrieren stellt sich der Begleiter auf die bevorzugten Sinneswahrnehmungen des Klienten ein. Um seine bevorzugten Sinne herauszufinden, muss man genau zuhören und gut beobachten (wahrnehmen).

Beispiel: Eine Bewohnerin beschreibt einen Ausflug in die Berge, den sie als junge Frau gemacht hat. „Es war wundervoll", sagt sie. „Wir waren hoch oben und ich konnte die Spitzen der Bäume sehen." Diese Frau bevorzugte wahrscheinlich ihre Augen und es kann sein, dass sie auf Wörter reagiert, die das Sehen beschreiben. Andere reagieren eher auf Wörter, die mit dem Hören zu tun haben, zum Beispiel: „Das klingt schlecht", oder „Ich habe es genau gehört". Beispiele für den Tast- und Spürsinn: „Ich bin angekratzt" und „ich fühle mich furchtbar".

Das Dilemma mit anderen Sichtweisen

„Das Auge sagte eines Tages: „Ich sehe hinter diesen Tälern im blauen Dunst einen Berg. Ist er nicht wunderschön?" Das Ohr lauschte und sagte nach einer Weile: „Wo ist ein Berg, ich höre keinen." Darauf sagte die Hand: „Ich versuche vergeblich ihn zu greifen, ich finde keinen Berg." Die Nase sagte: „Ich rieche nichts, da ist kein Berg." Da wandte sich das Auge in eine andere Richtung. Die anderen diskutierten weiter über diese merkwürdige Täuschung und kamen zu dem Schluss: „Mit dem Auge stimmt etwas nicht." Khalil Gibran[17]

Um Vertrauen aufzubauen, soll der Validationsanwender möglichst Worte verwenden, die das bevorzugte Sinnesorgan des Klienten ansprechen. Auch Gegenstände aus der Jugendzeit des Betagten können ihm einen sensorischen Reiz setzen (beispielsweise Möbel, Bilder, Geschirr, Besteck). Vor allem sind es die Gefühle zu diesen Gegenständen, die Reize auslösen.

Stichwörter

Menschen mit unterschiedlich bevorzugten Sinneswahrnehmungen haben manchmal das Gefühl, aneinander vorbeizureden, da sie ein unterschiedliches Vokabular verwenden. Das Problem lässt sich mit gezieltem Einsatz von Stichwörtern zu unterschiedlichen Sinneswahrnehmungen lösen:

visuell	auditiv	kinästhetisch
sehen	hören	fühlen
dunkel	sagen	stechen
hell	sprechen	fummeln
Blick	reden	kühl
Glanz	rufen	Balance
Portrait	schreiben	Schock
Vision	singen	zart
trüb	brabbeln	biegen
Muster	Ton	dehnen
erscheinen	ruhig	werfen
zeigen	laut	fangen
wolkig	Musik	heiß
beobachten	Klang	rau
klar	schrill	greifen
reflektieren	zischen	Spannung
anschauen	Resonanz	drücken
starren	dröhnen	reißen
sichtbar	erzählen	verbinden
brillant	flüstern	warm
Überblick	schnurren	scharf
Bild	Lärm	erhaschen
blind	klingeln	berühren
Image	trommeln	hart
neblig	kreischen	weich
Sicht	quietschen	stolpern
scheinbar	auf jemanden hören	fallen
Farbe	Ohrwurm	begreifen
blitzartig	Krach	unterstützen

Stichwörtertabelle (Vgl. Scharb 1996)

Wie erkennt man die bevorzugten Sinneswahrnehmungen?

Besonders Menschen, die nur eine Sinnesqualität stark entwickelt haben, geraten in Krisen, wenn das Leistungsvermögen des betreffenden Organs nachlässt. Reaktiv kehren sie sich von der Außenwelt ab, indem sie zunehmend ihre Innenwelt *beschauen* und auf die inneren Stimmen *hören*. Versuche deshalb, die Kommunikation mit ihnen zu verbessern, indem du vor allem auf deren bevorzugtem Sinneskanal mit ihnen kommunizierst! Das Erinnerungsvermögen an frühere Informationen hängt davon ab, mit welchem Sinnesorgan sie aufgenommen wurden. So können demente Personen im Allgemeinen besser ausdrücken oder wiedergeben, was sie betastet und gerochen haben, als was sie gesehen und gehört haben. Es ist deshalb manchmal erfolgreicher zu fragen, was er gegessen hat, und nicht, wer mit ihm während der Mahlzeit am Tisch gesessen ist. Ein dementer Mensch wird möglicherweise am Mittagstisch bereitwilliger Platz nehmen, wenn dieser schon sichtbar gedeckt ist, erstes Besteckklappern zu hören ist und der Essensduft bereits den Raum erfüllt.

Gleichzeitig über mehrere Sinneskanäle kommunizieren

Es ist hilfreich, eine Information über möglichst viele Sinnesorgane gleichzeitig zu transportieren. Statt nur an den Toilettengang zu erinnern, kann man dem Patienten zusätzlich die WC-Tür öffnen, so dass er die Toilette sieht und riecht, und ihn beim Öffnen der Kleidung unterstützen. Vermutlich versteht der Betreffende dann eher, was man von ihm erwartet. Aus diesem Grund fördern Gebärden das Verständnis des Gesprochenen.

Auf emotionale Bedürfnisse reagieren
(nicht auf Wissenslücken)

Welchen Nutzen hat ein Dementierender von dem Hinweis „Sie sind jetzt 90 Jahre alt und Ihre Mutter ist schon lange tot", wenn er ständig nach seinen Eltern ruft. Sinnvoller ist es, auf den vermuteten Wunsch nach Geborgenheit zu reagieren oder, wenn dies nicht möglich ist, mit ihm in seine Hilflosigkeit oder seine Wut *einzusteigen*. Umgekehrt sollten wir nicht erwarten, dass der Demente vor allem auf unsere Worte oder Informationen reagiert. Sehr viel mehr wird er sich durch die Art und Weise angesprochen fühlen, in der wir mit ihm umgehen. Vermutlich wird er auch uns unsere eigenen Emotionen spiegeln.

Die körperlichen Hinweise aus dem Neurolinguistischen Programmieren (NLP) können uns in der Arbeit mit Dementierenden unterstützen: Die folgenden Bilder zeigen die Augenbewegungen beim Nachdenken eines normalen Rechtshänders.

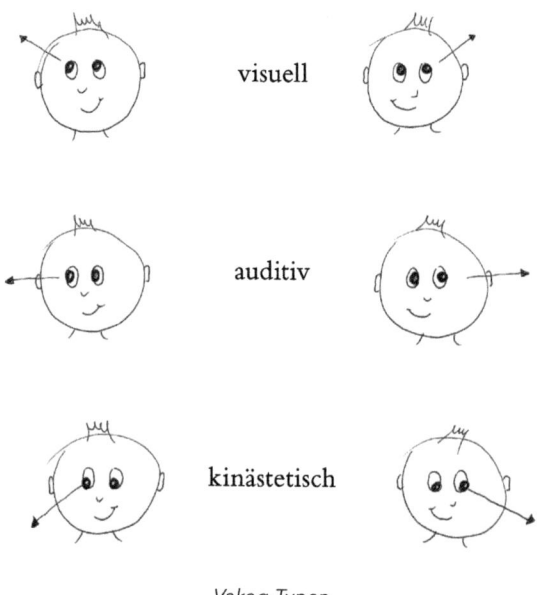

Vakog-Typen

5.4.13 Mehrdeutigkeit (Ambiguity)

Setze unbestimmte Fürwörter ein, die mehrere Lösungen zulassen. Zeitreisende und stereotype Menschen verwenden oft Wörter, die für die anderen keinen Sinn ergeben. Sie verständigen sich oft auch ohne Worte, was das Verstehen sehr schwer macht. Um sich verständlich zu machen, erfinden sie eigene Wörter oder sprechen in einem Singsang.

Wenn alte Menschen so kommunizieren, dann ist es sinnvoll, Fürwörter einzusetzen, die mehrere Lösungen zulassen *(er, sie, es, etwas, jemand)* und ihnen das Gefühl geben, doch verstanden worden zu sein.

Wenn der Validationsanwender diese Mehrdeutigkeit zulässt, kann er oft kommunizieren, auch wenn er gar nicht versteht, was der andere sagt. Zum Beispiel schreit der Klient: „Diese Katagänge tun mir furchtbar weh!" Der Validationsanwender reagiert darauf mit der Frage: „Wo tun *sie* weh?" Das Fürwort *sie* ersetzt das unbekannte Wort *Katagänge*.

5.4.14 Ehrlichen, engen Augenkontakt halten

Besonders Leute im Stadium der Zeitreise und der sich wiederholenden Bewegungen fühlen sich geliebt und sicher, wenn der Validationsanwender ihnen direkt in die Augen schaut und dadurch seine Anteilnahme vermittelt. Sogar ältere Menschen, die nicht mehr so gut sehen, können den konzentrierten Augenkontakt von validierenden Betreuern fühlen. So wird die Angst kleiner.

Diese Interaktion wird immer auf Augenhöhe durchgeführt.

Wenn der Betreuer über das Augenniveau des Betreuten geht, demonstriert er damit seine Machtposition.

5.4.15 Sprache

Sprache ist Macht – Sprachlosigkeit ist Ohnmacht. Wir wissen um die Ohnmacht der dementierenden Menschen und noch vielmehr erfahren wir die Ohnmacht der Angehörigen und der professionell Tätigen. Deshalb brauchen wir Möglichkeiten, um den Betreuten und ihren Begleitern das Zusammenleben zu erleichtern.

> *„Wenn du willst, dass der andere dich versteht,*
> *musst du in seiner Sprache mit ihm reden."*
> Kurt Tucholsky[18]

Zu empfehlen ist

» das Übernehmen der Sprachmelodie, wenn es möglich ist (der Validationsanwender sollte sich wohl dabei fühlen)
» das situationsbedingte Einsetzen einer klaren, tiefen, warmen, liebevollen Stimme, da hohe, sanfte Töne oft nicht wahrgenommen werden (Hörschädigung)
» das Beobachten von Emotionen und das Kommunizieren auf dieser Ebene
» das Anpassen von Gestik, Mimik, Atem, Stimme und Gefühlen
» beim Sprechen nie den Rücken zudrehen oder hinter dem Menschen stehen (= Angst vor Unbekanntem).

Wir sollten nicht immer gleich reden, auch Stille und Langsamkeit können uns näher bringen.

5.4.16 Still *da* sein

Die Stille hat einen Reiz für sich:

1. Stell dir vor, du sitzt ganz allein auf einem Berg und siehst einen wunderschönen Sonnenuntergang. Es ist einfach nur schön und du genießt die Situation. Wie fühlst du dich?

2. Stell dir vor, du sitzt mit einem sehr guten Freund auf einem Berg, ihr seht euch gemeinsam den wunderschönen Sonnenuntergang an. Beide redet ihr kein Wort, ihr genießt die Situation. Wie fühlst du dich?

3. Stell dir vor, du sitzt mit einem netten Menschen auf einem Berg, willst den wunderschönen Sonnenuntergang ansehen und dein Bekannter redet fortlaufend mit dir. Wie fühlst du dich?

Welche Situation ist für dich die schönste?

Auch demenziell veränderte Menschen freuen sich über jemanden, der kommt, mit ihnen still dasitzt und die Situation genießt, ohne etwas zu wollen. Dennoch sollte das Personal nicht mit den Dementierenden verstummen!

Auch alte Menschen haben das Bedürfnis, die Gegenwart von anderen Menschen zu spüren. Sie möchten nicht alleine sein und suchen auch die Geborgenheit im Körperkontakt. Hinter diesen Berührungen steht die Sehnsucht, jemanden zu haben, der sie gern hat, der da ist und sie berührt. (Meistens werden Menschen mit fortgeschrittener Demenz nur routinemäßig bei der Pflege berührt. Echte Berührungen und einfühlsames, *da Sein* werden ihnen zu selten gegeben.)

5.4.17 Berühren

„Alte Menschen verlieren nicht das Bedürfnis, berührt zu werden, sondern verlieren Menschen, die sie berühren."
Verbalzitat: Monika Wilde

Berühren ist eine geeignete Validationstechnik für Menschen ab dem Stadium der Zeitreise.

Zeitreisende Personen verlieren das Zeitdenken. So erkennen sie manchmal Personen der Vergangenheit nicht wieder. Sie können dann nicht zwischen bekannten oder ihnen fremden Menschen unterscheiden. Die validierende Person kann so zu einem geliebten Menschen aus der Vergangenheit werden.

Um mit Zeitreisenden im fortgeschrittenen Stadium oder mit Menschen, die sich in der wiederholenden Bewegung befinden, zu kommunizieren, müssen Pflegende in ihre Welt *einsteigen*. Die Dementierenden wollen so berührt werden, wie sie als Kind von einer geliebten Person berührt worden sind. Emotional gefärbte Erinnerungen aus der Kindheit sind im Gehirn für immer eingeprägt. Deshalb gehören das Berühren und das Berührt-Werden zu den elementarsten Lebenserfahrungen und zu den natürlichen Fähigkeiten, die der Mensch nutzen kann. Jede Mutter berührt ihr Kind liebevoll und jede Pflegeperson kann wohlwollend und wohltuend berühren.

Eine innige Beziehung kann aber nur dann aufgebaut werden, wenn sich die betreuende Person mit ihrem ganzen *Dasein* ehrlich auf den Dementierenden einlässt. Berühren ist also eine Begabung, eine Fähigkeit, die uns zur Verfügung steht, wenn wir uns darauf einstellen und sie zulassen.

Weil das Hör- und das Sehvermögen im fortgeschrittenen Stadium der Demenz oft eingeschränkt sind, sollte von vorne an den Klienten herangetreten werden, wobei der Validationsanwender in die Hocke geht oder auf einem Sessel sitzt, um mit Stimme, Blick- und Körperkontakt *wahrgenommen* zu werden.

Trotzdem darf Berühren nicht als etwas Selbstverständliches angesehen werden.

> *„Wir wissen aus Erfahrung, dass es immer*
> *wieder Situationen gibt, wo es uns schwer*
> *fällt, uns dem Gegenüber wirklich*
> *zuzuwenden, ihn also gut zu berühren.*
> *Es ist dies eine Schwierigkeit, die uns*
> *bewusst sein muss und die wir*
> *auch akzeptieren müssen."*
>
> Liliane Juchli[19]

Berührungsqualität

Um eine stimmige Berührungsqualität in der Beziehung sicherzustellen, muss die Pflegeperson weitgehend frei sein von eigenen Blockaden und Berührungsängsten und sie sollte wissen, *wo und wie* sie berührt.

Oft gehen Pflegepersonen vor dem alten Menschen in die Hocke und berühren sie am Knie oder am Oberschenkel. Knie und Oberschenkel sind erogene Zonen. Wenn nun der alte Mensch auf diese Berührung reagiert, wird er vom Betreuer oft als sexistisch bezeichnet.

Berühren, aber wie?

» respektvoll
» empathisch
» keine Routineberührungen
» konzentriert und bewusst berühren, aber nicht distanzlos sein
» wissen, warum, was, wo, wie und wann man berührt
» berühren in Zuneigung und nicht in Abneigung (wenn es schwerfällt, spürt das der Patient)

Berühren ist die intimste Form der Kommunikation, sie wirkt immer. Sie hilft dem Patienten, seinen Körper zu spüren. Hautkontakte (umarmen und steicheln) zu erfahren, vermittelt Nähe und Zuneigung. So entstehen Vertrauen und Geborgenheit.

> *„Qualität ist mehr als Quantität.*
> *Nicht die Anzahl der Berührungen ist entscheidend,*
> *sondern die Qualität der Berührungen!"*
> Brigitte Scharb[20]

5.4.18 Spiegeln oder überkreuztes Spiegeln

Für Feil ist die Methode des Spiegelns bei Menschen mit wiederholenden Bewegungen von großer Bedeutung. Dabei werden die Körperbewegungen und die Atmung nachgeahmt. Dies soll uns helfen, mit dem Betreuten in Kontakt zu kommen und sein Verhalten mit seinen Bedürfnissen nach Liebe, Identität oder Gefühlsäußerungen in Bezug zu setzen. (Vgl. Feil 2002, S. 76ff.)

Der Begriff „Spiegeln" spielt im Konzept des Neurolinguistischen Programmierens (NLP) eine zentrale Rolle und bedeutet dort so viel wie „Mitgehen, Angleichen". Das Spiegeln ermöglicht uns relativ schnell, mit Menschen in eine Verbindung zu kommen. Dabei passt sich der Betreuer an das beobachtete Verhalten einer Person an. Das Spiegeln kann verbal oder nonverbal geschehen.

Im **nonverbalen Spiegeln** werden zum Beispiel die Körperhaltung, die Bewegungen der Hände, der Gesichtsausdruck oder der Rhythmus des Lidschlages der anderen Person nachgeahmt. Sehr wirkungsvoll ist es, wenn der Atemrhythmus aufgenommen wird. Es *schwingen* dann beide Körper *auf einer Wellenlänge* und eine tiefe Verbindung kann entstehen.

Nonverbales Spiegeln kann tatsächlich oder nur in Gedanken vollzogen werden, um in die innere Erlebniswelt des anderen einzutauchen. Nonverbales Spiegeln kann direkt oder indirekt und teilweise oder (fast) vollständig durchgeführt werden.

Verbales Spiegeln bedeutet, in die verbal konstruierte Welt des anderen *einzusteigen* und seine Worte zu wiederholen.

Direktes Spiegeln erfolgt *auf die gleiche Art* (A spiegelt das Atemmuster von B, indem A im gleichen Rhythmus wie B atmet).

Indirektes Spiegeln wird auch Überkreuz-Spiegeln genannt: Die Spiegelung erfolgt *auf einem anderen Kanal* (zum Beispiel: A spiegelt das Atemmuster von B, indem A seine rechte Hand im Rhythmus der Atmung bewegt).

Partielles/teilweises Spiegeln ist ein Spiegeln von einem oder zwei Merkmalen.

Vollständiges Spiegeln ist eine gänzliche Übereinstimmung in vielen Äußerungen.

Es werden also *Bewegungen und Gefühle* der Person gespiegelt.

Auch hier ist die Empathie von besonderer Wichtigkeit. Es geht nicht darum, jemanden *nachzuäffen*, sondern *in seiner Sprache* mit ihm zu sprechen. Es ist wichtig, dass wir uns selbst dabei wohl und authentisch fühlen.

Um die Körperhaltung genau nachahmen zu können, muss der Validationsanwender folgende Einzelheiten ganz genau betrachten:

» die Augen
» die Gesichtsmuskeln
» die Veränderung der Hautfarbe
» die Hände
» wie der Klient im Stuhl sitzt
» wo er die Füße hat
» den allgemeinen Zustand der Muskeln

Wenn ein Klient auf und ab geht, summt oder putzt, geht auch der Validationsanwender auf und ab, summt oder putzt, wenn der Klient kräftig atmet, atmet auch der Validationsanwender kräftig. Speziell die Möglichkeit, die Atemfrequenz zu übernehmen, schafft eine Verbundenheit mit dem alten Menschen.

Man tritt in die Gefühlswelt des Klienten ein und schafft eine Beziehung, die zeitweise ohne Worte auskommt.

Wichtig: Nur Pflegepersonen, die *wirklich* den Wunsch und den Willen haben, an der inneren Welt eines Patienten teilzuhaben, sollten diese Technik wagen.

5.4.19 Musik, Reime und Gebete

Musik bleibt bei Dementierenden als zusätzliche und sprachunabhängige Kommunikationsebene fast bis zum letzten Stadium erhalten. Musik kompensiert hier hervorragend die sprachlichen Defizite. Sie ist emotionalisierend, hat ordnende, strukturierende Eigenschaften, fördert Kreativität, Gemeinschaft sowie Interaktion und kann Körper und Seele in Bewegung bringen. Musikstücke aus der Zeit der Kindheit und Jugend lösen Erinnerungen aus. Nach Expertenansicht soll besonders die Zeit zwischen dem 15. und 25. Lebensjahr das Musikgedächtnis prägen. Musik beruhigt dementierende Menschen, lässt sie besser schlafen und erhöht den Melatoninspiegel (Melatonin steuert den Tag-Nacht-Rhythmus).

Wenn also die Wörter verschwinden, kehren gut bekannte, früh gelernte Melodien wieder zurück. Über bekannte Lieder, Gebete oder Kinderreime kann es zum Aufbau eines Dialogs kommen. Wenn Menschen mit fortgeschrittener Demenz nicht mehr zu sprechen vermögen, können sie manchmal ohne weiteres ein Gutenachtlied, das gepfiffen oder gesungen wird, vom Anfang bis zum Ende mitsummen oder gar singen. Musik gibt diesen Menschen Energie und Kraft.

Lieder von früher sind uns vertraut, schaffen Erinnerungen an die Zeit, als wir sie gesungen oder gehört haben. Sie bringen uns in Schwingung mit anderen Menschen, die Stimme und die Texte tragen uns.

In der Validation geht es nicht um das schöne Singen, sondern um die Nähe und die Gemeinschaft.

Zwei bekannte Gebete:

Morgengebet

O Gott, Du hast in dieser Nacht so väterlich für mich gewacht; ich lob' und preise Dich dafür und dank' für alles Gute Dir. Bewahre mich auch diesen Tag vor Sünde, Tod und jeder Plag', und was ich denke, red' und tu', das segne, bester Vater, Du. Beschütze auch, ich bitte dich, o heil'ger Engel Gottes mich. Maria, bitt' an Gottes Thron für mich bei Jesus, deinem Sohn, der hochgelobt sei allezeit, von nun an bis in Ewigkeit. Amen.

Abendgebet

Bevor ich mich zur Ruh' begeb', zu Dir, o Gott, mein Herz ich heb' und sage Dank für jede Gab', die ich von Dir empfangen hab'. Und hab' ich heut' missfallen Dir, so bitt' ich Dich, verzeih es mir! Dann schließ' ich froh die Augen zu, es wacht mein Engel, wenn ich ruh'. Maria, liebste Mutter mein, o lass mich dir empfohlen sein. Dein Kreuz, o Jesus, schütze mich vor allem Bösen gnädiglich. In Deine Wunden schließ' mich ein, dann schlaf' ich sicher, keusch und rein. Amen.

Durch gute sensorische Stimulation wird bei den sehr alten Menschen mit Demenz das Grundbedürfnis nach Geborgenheit und Sicherheit befriedigt.

Menschen mit wiederholenden Bewegungen (Stadium 3) sprechen oft ein paar Worte, nachdem ein bekanntes Lied gesungen wurde.

5.4.20 Puppen in der Demenzpflege

Genauso wie Musik, Gedichte, Märchen und Gebete aus der Kindheit und Jugend können auch Puppen und Stofftiere den Alltag im Pflegeheim erleichtern.

Eine Pflegerin beobachtete, wie eine ihrer dementierenden Patientinnen plötzlich *erwachte* und wieder zu sprechen begann, als ihr Enkel mit seinem Teddybär auf Besuch kam.

Dr. Ian James führte eine kleine Studie an 14 Demenz-Patienten durch, die alle Spielteddys oder Puppen bekamen.

Während der zwölfwöchigen Testphase begannen Patienten, die zuvor nicht mehr gesprochen hatten, wieder zu reden, und zwar nicht nur mit den Puppen oder den Teddys, um die sie sich sehr liebevoll und engagiert gekümmert haben, sondern auch mit dem Pflegepersonal und den Mitpatienten. Insgesamt wirkten die Patienten zufriedener, ruhiger und ausgeglichener.

Joyk - Puppe

Nicht alle Menschen reagieren positiv auf die Puppen, deshalb sollten wir ihre Reaktionen genau im Blick haben. Wir bieten die Puppen oder die Teddys nur an oder setzen sie auf das Bett oder auf den Tisch, damit der alte Mensch sie wegnehmen kann, wenn er will.

Vorsichtig sollten wir mit dem Wort *Demenz-Puppe* umgehen. So nennt man die Joyk Puppen, die in den Heimen weit verbreitet sind. Pflegepersonen haben beobachtet, dass bestimmte Menschen die Puppe ablehnen, obwohl sie vorher gerne eine im Arm hatten, wenn sie als „Demenzpuppe" bezeichnet wird.

5.4.21 Basale Stimulation

Die Methode der Basalen Stimulation eröffnet auch Menschen mit extremen Einschränkungen, deren Angehörigen und professionell Tätigen eine neue Erfahrungswelt.

Voraussetzung ist auch hier, dass man sich in der pflegerischen Interaktion auf eine Beziehung einlässt. Man kann nicht berühren, ohne berührt zu werden.

Drei wesentliche Elemente der basalstimulierenden Pflege sind:

» Bewegung
» Wahrnehmung
» Kommunikation

Es gibt gezielte Angebote, um die Fähigkeiten in allen drei Bereichen zu fördern. Je weniger Möglichkeiten in den einzelnen Bereichen für die von Demenz betroffenen Menschen vorhanden sind, desto mehr nehmen ihre Orientierung und ihre Aktivität ab. Veränderung (Anreize für die Sinne) und Bewegung sind Grundlagen für die Wahrnehmung von Information. Verringern sich die Berührungen und die Sinnesanregungen, wirkt sich dies sowohl auf den Orientierungssinn als auch auf die Fähigkeit zur Eigenwahrnehmung negativ aus. Dabei kommt es auf das *Wie* der Berührung an. Präsent zu sein durch Berührung bedeutet, dass diese Geste eindeutig, ehrlich und einfühlsam sein muss. Alle oberflächlichen, abrupten und flüchtigen Berührungen gilt es zu vermeiden.

Kommunikation bei schwer wahrnehmungsbeeinträchtigten Menschen beruht auf folgenden elementaren Voraussetzungen: Die Grenzen des eigenen Körpers spüren, sich selbst erleben, die Welt außerhalb des eigenen Körpers wahrnehmen, Interesse, Präsenz und Berührung durch einen anderen Menschen spüren. Sensibilität, genaues Beobachten und Wahrnehmen sind oberste Prinzipien.

Meist sind die basalen Elemente der Wahrnehmung auch bei sehr schweren dementiellen Veränderungen noch intakt. Wir kennen alle die sogenannten „Autostimulationen", wie zum Beispiel Nesteln an der Bettdecke, Kratzen, Reiben auf der Haut, Knirschen mit den Zähnen, rhythmisches Klopfen auf der Bettdecke, Schaukelbewegungen mit dem Oberkörper. Dies sind Signale, die es zu beachten gilt. Der Dementierende versucht, sich Informationen über sich selbst zu beschaffen.

Wenn ein dementer Mensch im Sterben liegt, benötigt er genauso viel Zuwendung wie ein nicht Dementierender. Dies wird leider sehr oft vergessen. Altbekannte Märchen, auch Verse, Gedichte, Kinderreime, Kirchenlieder, Gebete, je nach Vorlieben und Bezug zur Biografie des betreffenden Menschen, können in der Begleitung bis zuletzt eingesetzt werden. Nach Feil sollte mehrmals am Tag bis zum Lebensende Validation durchgeführt werden. (Vgl. Feil 2002, S. 79f.)

5.4.22 Düfte und Gerüche

Vertraute Gerüche und Düfte, die einen Bezug zur Biografie des alten Menschen haben, sind mit dem Gefühl von Sicherheit und Geborgenheit verknüpft. Das kann zum Beispiel ein benutztes

Kopfkissen des Ehepartners sein, das im Heim die Atmosphäre und Gefühle aus vergangenen Lebensabschnitten wecken kann. Olfaktorische Reize wie Düfte (zum Beispiel Dörrbirne), Parfums oder der Einsatz von geschmacklichen, gustatorischen Reizen wecken Erinnerungen.

5.4.23 Snoezelen

Snoezelen ist ein Kunstwort, das sich aus zwei niederländischen Worten zusammensetzt:

1. *snuffelen* bedeutet schnüffeln, atmen, beriechen (= tun, was man will)
2. *doezelen* bedeutet dösen (= entspannen).

Snoezelen erfolgt meist in speziell ausgestatteten Räumen mit ruhiger, entspannter und stimmungsvoller Atmosphäre. Dort werden die primären Sinne durch Musik, Lichteffekte, leichte Vibrationen, taktile Stimulationen und angenehme Gerüche angeregt. Sie fördern ein Gefühl des Wohlbefindens, der Sicherheit und Entspannung, ohne irgendwelche intellektuelle Anforderungen zu stellen.

Mögliche Gestaltungselemente sind

» Tastbretter
» Riechsäulen
» Klangwerkzeuge
» Kissen
» Decken
» Schaumstoffblöcke
» Aromalampen
» Spiegelkugeln
» Meditationsmusik

5.4.24 Validationsgruppe

Ziele der Validationsgruppe

» Verbesserte Lebensqualität
» Verbesserte verbale Kommunikation
» Stimulierung/Steigerung der Energie
» Hebung von Status und Prestige
» Sicherheit und Geborgenheit

Zielgruppe

» Hochbetagte Zeitreisende (Stadium 2), unter bestimmten Voraussetzungen auch hochbetagte Menschen im Stadium 3 (sie sollten sehen und hören können oder ein Co-Leiter sollte sie unterstützen).
» Nicht zur Zielgruppe für Validationsgruppen zählen mangelhaft orientierte Personen, Menschen mit Aphasie und mit psychotischen Krankheitsbildern.

Gruppensitzung

Die Gruppensitzung hat immer ein bestimmtes Ritual (das vermittelt Sicherheit). Sie findet immer am selben Tag, zur selben Zeit, am selben Ort statt. Der Raum hat eine gemütliche Atmosphäre ohne Störungen (Schild: Bitte nicht stören!). Die Gruppensitzung sollte am besten zweimal pro Woche und jeweils für circa 30 Minuten stattfinden.

Zugehörigkeit zur Gruppe

Im Vorfeld soll darauf geachtet werden, dass die Person zur Zielgruppe gehört. Die Rollenverteilung soll mit der positiven Biografie des Einzelnen zu tun haben.

Mögliche Rollen innerhalb der Gruppe:

» Begrüßer – eröffnet und schließt das Treffen
» Vorsänger – stimmt im Musikabschnitt Lieder an
» Vorleser – liest zum Thema ein Gedicht oder einen Text
» Erzähler – erzählt eine Geschichte
» Gastgeber – teilt Servietten, Getränke, Kekse und Ähnliches aus
» Ratgeber – gibt Ratschläge zum Thema
» Applaudierer – applaudiert nach einem Lied oder Text

Bestimmte Rollen können auch auf zwei Personen aufgeteilt werden. Passt die Rolle gut, so wird sie so lange wie möglich beibehalten.

Rollenvergabe

Die Auswahl der Rolle ist nicht immer einfach und erfordert vom Gruppenleiter viel Einfühlungsvermögen. Die Gefahr, dass ein Teilnehmer dabei überfordert wird, ist rasch gegeben. Die Biografie muss bei der Vergabe der Rollen sehr differenziert betrachtet werden.

So erlebe ich immer wieder, dass Frauen, die ein Leben lang ihre Familien versorgt haben, zum Beispiel die Rolle der Gastgeberin nicht übernehmen möchten, so als wären sie froh, eine lebenslang geprägte Rolle im Alter abgeben zu können. Hier ist es wichtig, den Frauen über eine andere Rolle, wie zum Beispiel als Vorsängerin (wenn diese in einem Chor gesungen hat), Wertschätzung und Status zu vermitteln.

Informationen für Angehörige und das Team

Ziel und Ablauf:

» Teilnehmer sollten korrekt angezogen sein, wenn sie in die Gruppe kommen.
» Sie waren vorher auf der Toilette und haben keinen Hunger oder Schmerzen.
» Keine anderen Termine wie Arzt, Therapie, Behandlung oder Ähnliches.
» Keine Abführmittel oder entwässernde Mittel am Tag der Gruppe.
» Der Gruppenleiter selbst muss sich zentrieren, um nicht blockiert zu sein.

Sitzordnung in der Gruppe

» Wenn der Gruppenleiter allein ist, sollten nur Menschen im Stadium 2 teilnehmen und eventuell eine Person im Stadium 3, die rechts oder links vom Gruppenleiter Platz nimmt.
» Neben dem Gruppenleiter sitzt jemand, der schlecht hört oder sieht. Durch lautes Sprechen bindet der Gruppenleiter diesen Teilnehmer in das Gespräch ein.
» Wenn der Gruppenleiter einen Assistenten hat, kann er auch eine zweite Person im Stadium 3 mit in die Gruppe nehmen (diese sitzt dem Gruppenleiter gegenüber).
» Der Name ist Teil der Identität!
» Alle Teilnehmer müssen direkt und gegenseitig mit ihrem Namen angesprochen werden.
» Bei Bedarf können deutlich lesbare Namensschilder aufgestellt werden.

Gruppenvalidation

Der Gruppenleiter hat für jede Einheit ein bis zwei Themen vorbereitet. Es handelt sich dabei um Themen, die sich an die Emotionalität der Menschen richten. Feil schreibt dazu: *„Menschen aus Phase II und III reagieren am besten auf Themen, die sich auf Gefühle wie Liebe, Zusammengehörigkeit, Trennungsangst oder Ärger beziehen sowie auf den Kampf um die eigene Meinung und um die eigene Identität."* (Feil 2005, S. 108)

Die Validationsgruppenarbeit berücksichtigt in ganz besonderer Weise die Bedürfnisse des einzelnen Menschen und setzt die beschriebene Validationstechnik ein.

Themenvorschläge nach Feil sind: *Freundschaft, Glück, Trauer, Liebe, Sinn des Lebens, Angst vor Einsamkeit, gegenseitige Hilfe und Ähnliches. Das vorbereitete Thema wird aber beiseitegelegt, wenn aktuelle Themen vorliegen, da diese immer Vorrang haben.* (Vgl. Feil 2005, S. 108)

Die Unterscheidung zu anderen Methoden der Gruppenarbeit liegt hier vor allem darin, dass der Zugang zum Dialog nicht auf der *Verstandesebene*, sondern auf der *emotionalen Ebene* basiert. Dies ermöglicht den Menschen, ihre Grundgefühle und Bedürfnisse auszudrücken.

Der Gruppenablauf und seine Schlüsselelemente

Der Gruppenablauf spannt einen Bogen von *Geburt-Leben-Ende.*

„Die einzelnen Elemente und die Reihenfolge bleiben immer die gleichen. Dies vermittelt den Gruppenmitgliedern Sicherheit und Vertrautheit." Naomi Feil[21]

1. **Begrüßung durch den Gruppenleiter:** Jedes Gruppenmitglied wird vom Gruppenleiter begrüßt. Dabei wird jeder berührt und an seine *Rolle* in der Gruppe erinnert. Die Energie in der Gruppe und das Selbstwertgefühl des Einzelnen sollen dadurch gesteigert werden.

2. **Begrüßung durch den Begrüßer:** Dieser richtet einige Begrüßungsworte an die Gruppenmitglieder. Dadurch erhält der Begrüßer das Gefühl der Anerkennung, des Selbstwertes und der Ehre (wenn möglich, soll er stehen).

3. **Eingangslied/Kennmelodie:** Menschen in der Phase II und III sind nicht in der Lage, das ganze Treffen hindurch zu sprechen. Lieder stimulieren die Interaktion und den Kreislauf, sie verringern die Angst, fördern das Denkvermögen, vermitteln Wohlbehagen und Glück. Jedes Treffen sollte mit einem Lied eröffnet und geschlossen werden. *„Die Liederwahl spiegelt den kulturellen und religiösen Hintergrund der Gruppenmitglieder wider. Gleichzeitig wird das Gruppengefühl gesteigert."* (Feil 2005, S. 108)

4. **Gesprächsteil:** Das vorbereitete oder aktuelle Thema wird in die Runde eingebracht. Die verbale Kommunikation soll dadurch erhöht und den einzelnen Gruppenmitgliedern soll so die Möglichkeit gegeben werden, Gefühle auszudrücken, auszutauschen und gemeinsame Probleme zu lösen.

5. **Bewegung und Aktivität:** Mit Hilfe von Musik und Bewegung in verschiedenster Art und Weise sollen in der Gruppe Energie und ein Wir-Gefühl aufgebaut werden.

6. **Essen:** *„Erfrischungen bedeuten Fürsorge und lösen erwachsenes und soziales Verhalten aus. Personen in Phase III werden in dieser Atmosphäre motiviert sein, selbständig zu essen und dieses Verhalten oft auch außerhalb des Treffens fortzuführen."* (Feil 2005, S. 109)

7. **Abschlusslied:** Gemeinsam wird das Abschlusslied (Kennmelodie) gesungen. Dadurch sollen die Energie wieder aufgebaut und die positive Stimmung in der Gruppe verankert werden.

8. **Verabschiedung durch den Verabschieder/Begrüßer:** Mit einigen Sätzen verabschiedet sich dieser von den Gruppenmitgliedern und erhält dadurch nochmals Anerkennung und sozialen Status.

9. **Verabschiedung durch den Gruppenleiter:** Der Gruppenleiter verabschiedet sich von jedem Mitglied persönlich und bedankt sich für die erbrachte Hilfestellung (Rolle). *„Der Einzelne erfährt dadurch Bestätigung und Selbstwert."* (Feil 2005, 103ff.)

Gruppenvalidation erfordert eine hohe Sensibilität vom Gruppenleiter und kann sehr anstrengend sein. Trotzdem stellt sie eine persönliche Bereicherung dar. Zu erleben, wie alte, desorientierte Menschen in einer wertschätzenden und sicherheitsspendenden Atmosphäre wieder zur Sprache finden, sich an persönliche Lebensweisheiten erinnern und sie formulieren können, ist erstaunlich.

Es scheint, als ob diese Menschen wirklich wieder ihren Sinn des Lebens finden und auch mitteilen können. Gruppenvalidation zeigt vor allem die sozialen Ressourcen einer Gruppe auf. Die Mitglieder besitzen Erfahrungen, Erinnerungen und praktische Kenntnisse, die sie untereinander austauschen. So unterstützen und helfen sie sich gegenseitig, sowohl in emotionalen als auch in praktischen Dingen. Diese sinnstiftenden Ressourcen werden im Betreuungsalltag mit dementen Menschen noch viel zu wenig genützt. (Vgl. Feil 2005)

6

DEMENZ UND ERNÄHRUNG

L. Berchtold

„Jeder, der sich die Fähigkeit erhält, Schönes
zu erkennen, wird nie alt werden."
Franz Kafka[22]

6.1 Richtige Speisenauswahl und Zubereitung

Meist bevorzugen Dementierende bekannte und regionale Gerichte, auch süße und fettreiche Speisen werden gerne gegessen. Eine Ess-Biografie kann helfen, energiereiche Lieblingsspeisen zu finden. Deutliche Kontraste zwischen Tischdecke, Teller und Speisen sind wichtig. Eine helle Suppe in einer weißen Tasse auf weißer Tischdecke wird schlecht gesehen. Der Tisch sollte für alle gedeckt sein, auch für die betreuende Person. Wird in Gesellschaft gegessen, kann der Dementierende sich Abläufe beim Essen abschauen und sie nachmachen. Beim Anreichen des Essens kann es den Patienten verwirren, wenn der Teller, von dem er essen soll, bei dem Betreuenden steht.

Das Essen darf nicht zu heiß sein, da die Gefahr, sich zu verbrühen, von Dementierenden oft nicht erkannt wird.

Viele essen lieber mit den Fingern. Dann macht *Fingerfood* durchaus Sinn. Eine solche Mahlzeit kann etwa aus geschnittenen Fleischstücken, Gemüsestücken und Kroketten bestehen.

Dementierende bevorzugen oft süße Getränke. Trinken sie wegen Schluckstörungen zu wenig, kann durch das Andicken von Flüssigkeiten das Trinken erleichtert werden.

Dass Dementierende oft mangelernährt sind, ist nicht nur auf kognitive Störungen zurückzuführen.

Viele Dementierende leiden auch an innerer Unruhe, es fällt ihnen schwer, sich auf die Mahlzeiten zu konzentrieren.

Dass sie Speisen und Getränke nicht mehr als solche erkennen oder auch die Handlungsabläufe für das Essen und Trinken, wie den Umgang mit Besteck, nicht mehr beherrschen, ist nicht immer Ursache von Mangelernährung.

Demenzveränderte Menschen mit großem Bewegungsdrang haben oft einen großen Energiebedarf. Sie benötigten manchmal bis zu 3500 kcal am Tag. Ältere Menschen ohne starken Bewegungsdrang brauchen circa 1800 kcal täglich. (Vgl. Kolb 2012)

6.2 Körperliche Ursachen der Nahrungsverweigerung

Um die Ursachen für eine Nahrungsverweigerung zu ergründen, stellt sich die Frage:

Kann der Patient nicht essen oder will er nicht essen?

Je weniger man mit dem Dementierenden noch kommunizieren kann, umso genauer muss man ihn beobachten, um sein Problem zu erkennen. Möglicherweise liegt es daran, dass ihm das Essen einfach nicht schmeckt. Dies spielt eine große Rolle, wenn die Betreuten in einem Heim oder Krankenhaus versorgt werden, da hier nur selten die Möglichkeit besteht, auf jeden Essenswunsch einzugehen. Dann ist man auf die Hilfe der Angehörigen angewiesen, welche die Speisen zu Hause zubereiten und diese mitbringen könnten.

Außerdem spielt bei Essstörungen die Geschmacksempfindlichkeit eine große Rolle. Jeder gesunde Mensch kann bestätigen: Wenn das Essen schmeckt, isst man gerne und viel. Untersuchungen ergaben, dass sich in einem Lebensalter von 75 Jahren die Geschmacksknospen um 65 % reduziert haben.

Somit wird das Essen nicht mehr so *schmackhaft* empfunden wie von einem jüngeren Menschen. Auch Träger von Zahnprothesen müssen oft Einbußen in der Geschmacksempfindlichkeit hinnehmen, wobei Vollprothesenträger stärker betroffen sind als diejenigen mit Halbprothesen (herabgesetzte Kaufähigkeit und Gebissschäden).

Krankhafte Störungen im Mund- oder Rachenraum sind sehr häufig die Ursache für Probleme bei der Nahrungsaufnahme. Beispiele: Entzündungen der Mundschleimhaut oder des Halses, Verletzungen der Zunge, eine schlecht angepasste Zahnprothese oder die scharfe Kante eines beschädigten Zahnes.

Auch krankhafte Störungen im Magen-Darm-Trakt oder Verlegungen der Verdauungswege (durch Tumore) können das Essverhalten negativ beeinflussen.

Übelkeit und Erbrechen sind eine weitere Ursache für Essstörungen. Häufige Auslöser sind die Nebenwirkungen von Medikamenten, die Übelkeit oder Unwohlsein verursachen können.

Bei über 80-Jährigen und ganz besonders bei Dementierenden sind eine Reduzierung der Peristaltik im Schlund-Rachenbereich sowie ein leicht verzögertes Eintreten des Schluckreflexes festzustellen.

Schluckstörungen im Endstadium der Erkrankung sind fast immer zu erwarten. Auch diverse Psychopharmaka, welche bei der Behandlung von Dementen sehr häufig eingesetzt werden, verursachen Schluckstörungen.

Alzheimerpatienten können auch während der Mahlzeiten vergessen, dass sie essen. Selbst wenn sie einen Bissen im Mund haben, denken sie nicht mehr daran, diesen hinunter zu schlucken. Dies führt mitunter dazu, dass die Nahrung aspiriert wird (Aspirationspneumonie).

Körperliche Ursachen für Essstörungen und Nahrungsverweigerung im Alter können auch Schmerzzustände sein, welche wegen fehlender Kommunikationsfähigkeit nicht erkannt werden. Hier liegt es an der Erfahrung der Pflegenden, solche Schmerzen anhand von nonverbalen Äußerungen zu erkennen.

In nachfolgender Tabelle sind Medikamente aufgelistet, die einen Einfluss auf das Essverhalten nehmen können. (Vgl. Kolb 2012)

	Digoxin, Captopril, Nichtste-
Appetitverlust	roidale Antirheumatika (NSAR), Antibiotika, Digitalis, Antihistaminika, Sedativa, Neuroleptika, Tricyclika, Tranquilizer
Gestörtes Geschmacksempfinden	Captopril, Penicillin, Antihypertensiva, Analgetika, Antidiabetika, Psychopharmaka, Zytostatika, Vasodilatatoren
Mundtrockenheit	Anti-Parkinson-Mittel, Tricyclika, Antihistaminika, Anticholinerge Mittel, einzelne psychtropische Medikamente
Übelkeit	Antineoplastische Medikamente (Zytostatika), Antihypertensiva
Somnolenz	Psychopharmaka

MDS Grundsatzstellungnahme. Ernährung und Flüssigkeitsversorgung älterer Menschen (Kolb 2012)

6.3 Seelische Ursachen der Nahrungsverweigerung

Nahrungsverweigerung ist oft das Symptom einer tieferen seelischen Ursache. Diese Ursache zu finden und zu beseitigen, führt häufig dazu, dass der Appetit zurückkommt.

Seelische Probleme können sehr vielschichtig sein und zeigen manchmal keinen erkennbaren Grund. Dadurch werden sie oft nur durch Medikamente behandelbar.

Wenn hinter dem seelischen Problem der Wunsch steht, dass der Patient sterben will, ist es natürlich sehr schwer, ihn zum Essen zu animieren.

Psychisch auffällige Verhaltensweisen sind motorische Unruhe, herausforderndes Verhalten, häufiges Rufen oder auch starke Rückzugstendenzen, welche fast immer auf seelischen Stress zurückzuführen sind. (Vgl. Kolb 2012)

6.3.1 Heimweh

Wenn alte Menschen in ein Heim kommen, müssen sie ihre gewohnte Umgebung, in der sie sich sicher und geborgen gefühlt haben, verlassen. Sich in einer neuen und fremden Umgebung zurechtzufinden, fällt gesunden Senioren ebenso schwer wie dementen Menschen, was seelische Auswirkungen zeigen kann.

Da die demenziellen Personen sich in der neuen Umgebung nicht zurechtfinden, haben sie das Gefühl, die Kontrolle zu verlieren.

Eine Möglichkeit, um den Dementen das Gefühl einer heimischen Umgebung innerhalb einer Pflegeeinrichtung zu geben, bietet die Milieutherapie. Eine angenehme und den Bedürfnissen der Demenzkranken angepasste Umgebung ist sehr wichtig für das körperliche und seelische Wohlbefinden. Wenn der Kranke zu Hause versorgt wird, spielt dieser Punkt meist nur eine untergeordnete Rolle. Leider sind noch zu wenige Heime auf die Bedürfnisse von Demenzkranken abgestimmt.

Viele Demente, vor allem Alzheimerkranke, haben einen enormen Bewegungsdrang, der dem Abbau innerer Spannungen dient. Deshalb ist es wichtig, dass sie die Möglichkeit haben, diesen ungehindert auszuleben.

Auch die Gestaltung des Heimes und der Räume sollte freundlich und offen sein, da die Kranken viel Licht und Luft benötigen. In dunklen Zimmern reagieren sie leicht ängstlich oder aggressiv. Vor allem bedrohlich wirkende Schatten können bei dementen Menschen Fehldeutungen hervorrufen.

Eine sinnvolle Einrichtung sind Wohnküchen, in denen die Bewohner zusammen mit den Betreuern ihr Essen selbst zubereiten können. Durch den Essensduft wird der Appetit der Patienten angeregt.

Für einen dementen Menschen, der schwer pflegebedürftig ist, ist es wichtig, dass er mit *Reizen* versorgt wird. Wenn er die meiste Zeit des Tages im Bett verbringt, sich selbst nicht mehr drehen kann, wenn sein Blick stundenlang nur auf eine weiße Wand oder Decke gerichtet ist, so wird er sich immer mehr in sich zurückziehen. Um dem entgegenzuwirken, bietet die Basale Stimulation eine Reihe von Möglichkeiten. (Vgl. Kolb 2012)

Blick aus einem Patientenbett bei einer 30 Grad-Seitenlagerung, selbst erstellt

6.3.2 Depressionen

Essensverweigerung kann Ausdruck einer Depression sein, die mit Medikamenten oder mit psychotherapeutischen Methoden behandelt wird.

Betreuungskonzepte mit positiver Auswirkung auf die Stimmung, zum Beispiel das oben dargestellte Konzept der Validation, haben sich in der Praxis bewährt. Obwohl es nur wenige Studien gibt, die die Effektivität wissenschaftlich belegen, wird die Methode von vielen Pflegenden sehr positiv aufgenommen und mit Erfolg angewendet.

Sie schätzen vor allem den menschlichen Aspekt der Validation. (Vgl. Kolb 2012)

6.3.3 Aggressionen

Ursache für eine Nahrungsverweigerung kann auch ein psychischer Angriff gegen sich selbst sein.

Manche verwirrte Menschen nehmen dies ganz bewusst in Kauf, wenn sie den Gegner, den sie kränken wollen, nicht mehr erreichen können. Meist ist also die Verweigerungshaltung die einzige Möglichkeit, ihren Willen gegen eine Person oder gegen äußere Umstände auszudrücken.

» Nach außen gegen den anderen angewandte Aggressionen sind eine Bewältigungsstrategie, um mit den eigenen Defiziten, welche der Betroffene nicht wahrhaben will, fertig zu werden.
» Aggressionen können bei Dementen entstehen, weil sie aufgrund der dementiell veränderten Wahrnehmung eine Situation ganz anders interpretieren als Gesunde.

Wichtig ist es deshalb, dass die Gefühle des Dementen beachtet werden.

Oft erlebt man, dass Betreuende mit dementen Patienten streiten. Sie versuchen, die Auseinandersetzung auf rationale und *vernünftige* Art und Weise zu lösen und wenn dies nicht fruchtet, sind sie geneigt, ihre intellektuelle Überlegenheit auszuspielen, um so den Patienten zum Einlenken zu bewegen. Dies ist ein *Kampf gegen Windmühlen*, denn die Aggression des Dementen bleibt unbeachtet und somit bestehen. Der Betreuende ist unzufrieden, weil er den Streit nicht versöhnlich beenden konnte.

Dies kann so weit gehen, dass der Demente, den die Argumente nicht überzeugen oder die er nicht versteht, sich mit Gewalt zu wehren versucht. Und bisweilen wendet er die Gewalt auch gegen sich selbst an, weil er sich wertlos fühlt und annimmt, dass ihm deshalb keine Nahrung mehr zusteht. (Vgl. Kolb 2012)

6.3.4 Angst

Ein dementer Mensch, der jeden Tag grundpflegerisch betreut wird, weil er nicht mehr in der Lage ist, sich zu waschen und Harn und Stuhlgang selbst zu kontrollieren, hat Angst, wenn er an seinen intimsten Körperstellen berührt wird. Es sind jene Zonen, die bis jetzt nur sein Lebenspartner berühren durfte. Besonders stark kommen die Scham- und Schuldgefühle zum Tragen, wenn er von fremden Personen versorgt werden muss. Gerade dann hat er nur wenige Möglichkeiten, sich dagegen zu wehren.

Verwirrte leben in einer Welt, die sich der verbalen Kommunikation verschließt, somit kann ihnen nichts erklärt werden. Wenn ihnen nicht geholfen wird, sich in ihrer Welt zurechtzufinden, kann sich diese Angst steigern. (Vgl. Kolb 2012)

6.3.5 Wahnvorstellungen

Demente entwickeln sehr häufig Wahnvorstellungen. Sie bilden sich dann ein, man wolle sie vergiften (Vergiftungswahn). Oft versteckt man bei diesen Menschen Medikamente, die sie nicht einnehmen wollen, im Essen. In der Regel finden sie das Medikament und deuten es als Vergiftungsversuch, was zu einem Vertrauensverlust führt. Es ist besonders wichtig, durch einfache, nachvollziehbare Handlungen und Kommunikation das Vertrauen des Dementen wiederzugewinnen. Man darf sich vor allem durch die Wahnvorstellungen nicht kränken lassen, auch wenn diese gegen die pflegende Person gerichtet sind („Du willst mich vergiften!"). Hinter einem Wahn verbergen sich oft ein Kontaktwunsch und das Bemühen, eigenes Versagen zu verleugnen. (Vgl. Kolb 2012)

6.4 Palliative Ernährung

Wenn man sieht, wie ein anderer Mensch hungert oder dürstet, so löst dies in uns die natürliche Reaktion aus, dies unbedingt zu verhindern. Unzureichende Ernährung bedeutet Vernachlässigung, Verwahrlosung und Pflichtverletzung.

Mit diesem Problem waren die Pflegepersonen vor der Einführung der PEG-Magensonde besonders häufig konfrontiert. Sie mussten hilflos mitansehen, wie ihre Heimbewohner *verhungerten* und *verdursteten*.

Essen und Trinken ist die einfachste und natürlichste Form menschlicher Zuwendung. Durch die PEG-Magensonde wurde dieses Bedürfnis wieder ausreichend befriedigt. Für viele Menschen war und ist die PEG-Magensonde immer noch die beste Möglichkeit, sich Nahrung zuführen zu lassen, wenn dies aufgrund verschiedener Ursachen anders nicht mehr möglich ist.

Aber wie verhält sich dies bei dementen Menschen? Leidet ein dementer Mensch im letzten Stadium an *Hunger* und *Durst*? Oder ist das Ausbleiben, das Vergehen des Durst- und Hungergefühls eine natürliche Folge der Erkrankung? Der Demente hört irgendwann einfach auf zu essen und zu trinken, ohne dies als unangenehm zu empfinden

Grundsätzlich ist das Leben eines Alzheimerpatienten nicht mehr und nicht weniger lebenswert als das jedes anderen Menschen. Demente können genauso Lebensfreude empfinden wie andere betagte Menschen.

Deshalb wäre das Vorenthalten von therapeutischen Mitteln auf Seiten des Gesundheitswesens mit der alleinigen Begründung einer Demenz willkürlich und somit abzulehnen. Dies wäre eine unverantwortliche Beurteilung im Sinne von *unwertem* Leben.

Es ist unsere ethische Pflicht, die Lebensgeschichte und die Lebenseinstellung der Patienten zu ermitteln und die weitere Behandlung vor dem Hintergrund dieses Wissens zu optimieren. Unsere eigene Auffassung, unsere Gewohnheiten und unsere Werte sollen nicht alleine die Grundlage für die Behandlung bilden.

In der letzten Lebensphase ändern sich die Prinzipien der Stoffwechselbilanz, was konkret bedeutet, dass keine Speicher mehr aufzufüllen und keine Gewichtsverluste mehr zwanghaft zu verhindern sind.

Die Flüssigkeits- und Nährstoffmengen, welche normalerweise verabreicht werden, sind zu unterlassen, da sie nicht dem natürlichen, tatsächlichen Bedürfnis des Patienten entsprechen.

In den Vordergrund rückt in dieser Zeit vielmehr das Ziel, Hunger und Durst zu vermeiden. Dies kann in vielen Fällen bereits mit geringen Mengen an Flüssigkeit und Nahrung erreicht werden.

Dies ergab eine Untersuchung aus den USA. Bei der Reduzierung der Nahrung herrscht innerhalb der Ärzteschaft weitgehend Einigkeit. Was allerdings die notwendige Menge der zugeführten Flüssigkeit angeht, gibt es unterschiedliche Ansichten.

Die Erfahrung in Hospizen hat beispielsweise gezeigt, dass die PEG-Magensonden, je näher es auf den Tod zugeht, für die Patienten eher problematisch werden. Denn in der Sterbephase kommt es immer mehr zu Unverträglichkeiten, da die zugeführten Mengen nicht mehr vom Körper verarbeitet werden können. Gleichzeitig haben die Pflegenden nicht den Mut, die Nahrung zu reduzieren. Die Folge sind Durchfälle, Übelkeit, Bauchschmerzen und Erbrechen in der Zeit, in der der Sterbeprozess beginnt.

Aber auch eine zu geringe Flüssigkeitszufuhr kann problematische Folgen haben.

Das große Problem bei alten Menschen ist, dass sie trotz Flüssigkeitsmangel keinen Durst verspüren. Dies ergab eine Studie, bei der zwei Gruppen, gesunde, aktive und circa 70-Jährige einerseits und circa 25-Jährige andererseits, 24 Stunden ohne Flüssigkeitszufuhr aushalten mussten.

Danach wurde ihr körperlicher Zustand verglichen. Die Betagten konnten die mangelnde Flüssigkeit körperlich weniger gut kompensieren, außerdem führten sie sich nach dem Flüssigkeitsstopp nicht wieder ausreichend Flüssigkeit zu.

Bei demenziell Veränderten ist das mangelnde Durstgefühl noch ausgeprägter. Das verminderte Durstgefühl ist gefährlich, solange der Betroffene therapiert werden soll.

Wenn der Demente sich allerdings im letzten Stadium der Erkrankung befindet, so kann damit der Sterbeprozess sinnvoll unterstützt werden.

Denn Dehydration (Flüssigkeitsmangel) führt zur Ausschüttung von endogenen Opiaten im Gehirn und die Ketose durch fehlende Zufuhr von Nahrungsstoffen hat einen euphorisierenden, anästhesierenden Effekt.

Durch die Dehydration wird also dem Menschen das Sterben auf natürliche Art und Weise erleichtert. Er geht in einen Dämmerzustand über, bei dem er kaum und im Idealfall keine körperlichen Schmerzen mehr empfindet. Voraussetzungen für eine natürliche Dehydration sind:

» eine rasche, fortschreitende Verschlechterung des Allgemeinzustandes,
» keine sinnvolle Behandlung des Grundleidens,
» keine symptomatische Behandlungsmöglichkeit der aktuellen Verschlechterung, wie Behandlung von Zahnschmerzen oder Mundsoor
» und das angenommene Einverständnis des Patienten.

Der Tod tritt wahrscheinlich in einigen Tagen oder in wenigen Wochen ein.

Voraussetzung ist selbstverständlich eine optimale Mundpflege des Patienten.

Eine Untersuchung in den USA bei 32 sterbenden Patienten ergab, dass ungeachtet einer nach üblichen Standards völlig unzureichenden oralen Zufuhr von Flüssigkeit bei allen Patienten durch Eis-Chips und Mundpflege das Gefühl von Mundtrockenheit oder von Durst, wenn überhaupt vorhanden, vollständig vermieden werden konnte.

Ob der Demente nun wirklich noch Durst empfindet, kann dadurch ermittelt werden, dass man ihm zu trinken gibt. Wenn er unter Durst leidet, wird er gierig versuchen, die ihm angebotene Flüssigkeit zu sich zu nehmen, selbst wenn er nicht mehr schlucken kann. Dies kann auch mit einem nassen Waschlappen geschehen, den man ihm zum Saugen an den Mund legt.

Dies ist eine der *Thesen zur Trinkweigerung Dementer* von Dr. Albert Wettstein, ehemaliger Chefarzt des Stadtärztlichen Dienstes Zürich und „Mitglied der akademischen Leitung des Zentrums für Gerontologie" der Universität Zürich. Drei weitere Thesen von Wettstein sind:

» Ein Alterspatient, der Essen und Trinken verweigert, hat keinen Durst und keinen Hunger mehr. Er kann deshalb nicht verhungern und nicht verdursten. Auch wenn er an Flüssigkeitsmangel sterben sollte, leidet er nicht an Durst.

» Einen Patienten ernst nehmen heißt, zu akzeptieren, dass er Essen und Trinken ablehnen darf, auch wenn er dadurch stirbt.

» Auch schwerstdemente Menschen, die nicht mehr zu sprechen vermögen, können bezüglich der Entscheidung, ob sie essen und trinken wollen, als urteilsfähig betrachtet werden.

Wenn jemand es trotz wiederholtem Anbieten von üblicherweise geliebten Speisen und Getränken ablehnt, zu essen und zu trinken, ist sein Handeln zu akzeptieren, auch wenn er dadurch stirbt.

Es stellt sich also die Frage, ob wir immer alles medizinisch Machbare unternehmen müssen. Ist es wirklich im Sinne der Kranken, wenn wir sie so lange wie möglich am Leben erhalten? Was braucht ein Sterbender wirklich?

Im Vordergrund sollten eine adäquate und effektive Linderung quälender Symptome sowie Pflege und Zuwendung stehen. Eine Infusion ist rasch gelegt, eine enterale Ernährungssonde unverzüglich implantiert.

Viele glauben, dass es damit getan ist. Jede andere Maßnahme bedeutet einen wesentlich höheren Zeit- und Arbeitsaufwand. (Vgl. Kolb 2012)

*„Es ist bedrückend zu beobachten, was wir für
die Sterbenden tun, ohne dass sie es brauchen,
und wie wenig wir das tun, was sie brauchen.“*
Christian Kolb[23]

6.4.1 Vorteile der Dehydration

Ein Vorteil besteht in der verringerten Urinproduktion: Der
mühsame, anstrengende und oft als erniedrigend empfundene
Toilettengang bleibt erspart. Der Patient braucht die Bettschüssel weniger, das bedeutet weniger Schmerzen beim Heben, Sitzen und Drehen. Es ist kein störender Dauerkatheter nötig. Die
geringe Urinmenge kann mit einer Einlage aufgefangen werden.
Die Pflege, besonders zu Hause, wird einfacher.

Die Bildung von Flüssigkeit im Magen–Darm-Trakt ist reduziert. Der Patient erbricht weniger, vor allem, wenn er einen
Subileus oder Ileus hat.

Es wird weniger Rachen- und Bronchialsekret gebildet. Die
Tortur des Absaugens ist kaum notwendig. Das *Todesrasseln* und
die Gefahr der Atemnot durch ein Lungenödem werden seltener oder verschwinden ganz.

Es kommt zu weniger Flüssigkeitsansammlung in den Beinen, weniger Aszites und Tumorödemen. Desweiteren führt die
Dehydration zu einer Linderung der Beschwerden, zu Schläfrigkeit, zu weniger Unruhe, zu weniger Darmmotilität, zu weniger
Erbrechen und Übelkeit. Durch Ausschüttung von Endorphinen
und durch die Hungerketose kommt es zur natürlichen Analgesie (Ausschalten von Schmerzen). (Vgl. Kolb 2012)

6.4.2 Nachteile der Dehydration

» Gesteigerte Decubitusgefahr,
» Mundtrockenheit und Behandlung des Durstgefühls,
» Fieber, Muskelkrämpfe durch Störung des Elektrolythaushaltes,

- » Medikamentenakkumulation (Anhäufung) durch Niereninsuffizienz,
- » Obstipation und eventuell zäher, trockener Schleim im Rachenraum,
- » Bewusstseinsstörung, Orthostase-Syndrom (Störung des Kreislaufsystems), Lethargie und Schwäche,
- » Rastlosigkeit und Verwirrtheit (hier ist schwer zu beurteilen, welche Rolle die Dehydration und welche die Angst vor dem Tod spielt),
- » erhöhte Unsicherheit bei den Angehörigen und im Team
- » sowie ein höherer Pflegeaufwand (intensivere Mundhygiene und Decubitusprophylaxe). (Vgl. Kolb 2012)

7

BIOGRAFIEARBEIT

„Wer erinnert, erzählt,
wer erzählt, erinnert."
Peter Härtling[24]

„Beurteile nie einen
Menschen, bevor du
nicht mindestens einen
halben Mond lang seine
Schuhe getragen hast."
Indianisches
Sprichwort[25]

L. Berchtold

Das heißt, um die Eigenheit deines Gegenübers zu verstehen, musst du erst seine Geschichte kennen.

„Der Mensch ist ein einzigartiges, unverwechselbares
Wesen mit einer einmaligen Biografie."
Unbekannt[26]

Deshalb, weil jeder Mensch in seinem Wesen und seiner Geschichte unverwechselbar und einmalig ist, kann und soll man nicht alle gleich behandeln. Was bei dem einen positiv wirkt und guttut, kann beim anderen das Gegenteil bewirken.

Biografie kommt aus dem Griechischen. *Bios* heißt Leben, und *gráphein* heißt schreiben, abbilden, zeichnen, darstellen.

» Der Lebenslauf ist eine Beschreibung des Lebens mit objektiven Daten.

» Die Biografie beschreibt die Erfahrungen, Erlebnisse, Ereignisse und die emotionale Entwicklung. Durch das Aufschreiben werden sie bewahrt.

Die Lebensgeschichte kann dadurch anders gesehen sowie besser verstanden und die Gegenwart bewusster erlebt werden.

Biografiearbeit kommt meistens therapeutisch zum Tragen, wenn Krisen oder Wendepunkte im Leben eine Rückschau erfordern oder wenn unverstandene Teile der Geschichte einer Verarbeitung bedürfen: Deshalb erheben wir neben den positiven auch die konflikthaften, negativen Geschichten des Lebens.

„Es ist auch wichtig, die Lebensbewältigungsstrategien
des Dementierenden zu erfahren, um ihn besser zu verstehen."
Unbekannt[27]

Bei den *negativen* Erzählungen sind wir vor allem Zuhörer. Wir staunen und bewundern, was er erlebt hat. Unsere Kommentare reduzieren sich auf „mmm", „aaa", „ooo", „achso", „das hört sich schlimm an" und Ähnliches. Es werden *keine oder wenige Fragen* gestellt, da sich der Klient im Thema verfangen könnte und wir oft nicht die Zeit haben, das Gespräch gut abzurunden.

Wenn der Klient merkt, dass wir auf seine tragischen Geschichten emotional stärker reagieren, dann wird er sich auch nachts damit beschäftigen, um sich unsere Aufmerksamkeit zu sichern. Er wird sich für unsere Gunst mit seinen negativen Geschichten auseinandersetzen und seine Stimmung wird entsprechend seiner Gedanken im Negativen versinken.

7.1 Anforderungen an die Begleiter

» Echtes Interesse zeigen (man muss den Sinn einer Biografie erkannt haben)
» Respektvolles Begegnen
» Empathie (Einfühlungsvermögen)
» Kommunikative Kompetenz (Gesprächsförderer einsetzen und Störer vermeiden)
» Vertrauenswürdiger und sensibler Umgang mit den Daten

7.2 Biografieerhebung

» Im Einzelgespräch kann sich die Pflegekraft ganz auf einen Menschen konzentrieren.
» In der Gruppe wird über ein gemeinsames Thema gesprochen.
» Besser keine Notizen machen, damit sich die erzählende Person nicht fühlt, als würde sie verhört werden. Diskretion, Feingefühl und Sorgfalt walten lassen.
» Nicht sofort am Aufnahmetag die Biografie erheben, denn der Mensch braucht Vertrauen und Vertrautheit mit seinem neuen Leben.
» Den richtigen Zeitpunkt erkennen und die geeignete Person für ein Gespräch einsetzen.
» Jede Gelegenheit für Informationen nutzen: Beispielsweise beim Baden über die Vergangenheit sprechen, gut zuhören und beobachten.
» Unterscheiden zwischen dem, was persönlich anvertraut wird, und dem, was dokumentiert werden sollte.
» Ereignisse aus der Kindheit und dem Leben zwischen dem 15. und 25. Lebensjahr haben durch die besondere Prägung eine wichtige Bedeutung.

7.3 Informationen sammeln

Wir legen besonderen Wert auf die positiven, gefühlsbetonten Geschichten:

von der betreffenden Person selbst

» Zu Beginn der Demenz kann sich die Person noch selbst äußern.
» Beiläufige Äußerungen offenbaren oft wesentliche Einstellungen.

von Familienangehörigen, Freunden und Bekannten, Nachbarn

(deren Geschichten sind insofern kritisch zu betrachten, als sie möglicherweise unreflektiert ihre eigene Sicht in den Vordergrund stellen)

Wenn alle das Gleiche sagen, kann die Information in die Biografie übernommen werden. Wenn nur eine Person etwas vorbringt, sollte das mit Vorbehalt bewertet werden, kann aber dennoch von Bedeutung sein.

» Werdegang (Schule, Beruf, Militär, Ruhestand)
» Spezielle Fähigkeiten, Begabungen (praktisch, musisch, sozial)
» Schicksalsschläge, Charakter, Gewohnheiten, immer wiederkehrende Erzählungen aus dem Leben (Vorsicht mit Negativdaten, sie werden oft falsch bewertet und können Menschen in Verruf bringen)

durch persönliche Sachen wie Fotoalben, Tonbänder oder Filme

Durch diese Quellen kann man lernen, das Umfeld zu erkunden und nach Einzelheiten zu fragen (eventuell Heimathausbesuch).

7.4 Verhaltensregeln bei motorischen Störungen

Ziel ist es, vorhandene Fähigkeiten zu fördern, anstatt verloren gegangene Fähigkeiten (Apraxie) zu reaktivieren.

Es gilt, die Aufgabe von Hobbys, die große Geschicklichkeit erfordern, zu akzeptieren, zum Beispiel Klavierspielen, Handarbeiten (Stricken, Häkeln, Nähen, Knüpfen), Malen, Basteln (Heimwerken). Auf keinen Fall darf der Versuch unternommen werden, zum Weitermachen zu überreden! Dies macht die Hilflosigkeit noch deutlicher und treibt den Kranken in die Verzweiflung. Stattdessen sollten leichtere Arbeiten, die der Klient gerne macht und die möglichst einen Bezug zur Biografie haben, angeboten werden.

7.5 Auswirkungen der Biografieerhebung

auf den alten Menschen

- » Selbstbewusstsein wird gefördert.
- » Selbstwertgefühl wird gestärkt.
- » Hilfe bei Bewältigung der Themen Tod und Sterben.

auf die Pflegeperson

- » Sie lernt den Menschen besser kennen.
- » Sie kann seine Stärken, Schwächen und Verhaltensweisen besser verstehen und einschätzen.
- » Sie lernt vielleicht auch etwas über ihre eigene Lebensgeschichte.

» Der alte Mensch wird greifbarer.
» Die Beziehung zwischen Pflegeperson und Pflegebedürftigem entwickelt sich.
» Man trägt Verantwortung für den Menschen und tut mehr für sein Wohlergeben.

7.6 Schwierigkeiten

» Die Bedeutung biografischer Informationen für die Pflege ist dem Patienten oft nicht klar.
» Fragen nach Familienverhältnissen, Religionszugehörigkeit, Berufsleben werden manchmal als Zumutung empfunden. Es muss dem Klienten erklärt werden, warum die Pflege durch Informationen verbessert werden kann.
» Den Klienten muss deutlich gemacht werden, in welcher Weise Gesprächsinhalte anderen zugänglich gemacht werden. Sie sollten selbst entscheiden können, was sie dem Team gegenüber offenlegen, auch auf die Gefahr hin, dass die Zurückhaltung von Informationen Nachteile für die Versorgung bringt.
» Die Aussagen von Angehörigen müssen mit Bedacht behandelt werden. Das Selbstbild der meisten Menschen weicht vom Fremdbild, auch dem von Familienmitgliedern, häufig ab. Patienten sollten das Recht behalten, von den Pflegenden so betrachtet zu werden, wie sie selbst gesehen werden wollen („Ich bin Prinz Eugen.").
» Grundsätzlich sollten nur die Informationen erfragt und dokumentiert werden, die für die Versorgung dieses Menschen notwendig sind.

7.7 Biografiearbeit ist wichtig

» Mit dem Verhalten verknüpfte Bedürfnissignale können besser entschlüsselt und berücksichtigt werden.
» Die Biografie ist oft der Schlüssel zu noch vorhandenen Fähigkeiten, die es zu fördern gilt, um sie noch lange zu erhalten.
» Über Ereignisse aus dem Leben zu reden hilft, die allmählich untergehende Identität länger zu bewahren (die letzten Erinnerungsinseln).
» Biografiearbeit verleiht dem Dementierenden Sicherheit und stärkt sein Selbstvertrauen. Das hilft, schwierige Situationen besser zu bewältigen.

„Die Bedürfnisse sind lebensnotwendige Elemente im Leben jedes Menschen. Die Bedürfnisse, die in der Hierarchieordnung ‚höher' stehen, sind individuell verschieden."
Unbekannt[28]

7.8 Biografiearbeit im Alter

» Die Gefahr ist sehr groß, dass alte, dementierende Menschen wie unmündige und unerfahrene Kinder behandelt werden.
» Der Dementierende reduziert sich nicht auf den Leidenden, als der er jetzt vor uns steht. Er hat lebenslange Erfahrung (Lebensweisheit).
» Jeder Mensch hat eine individuelle Lebensgeschichte, die keiner anderen gleicht.
» Die Höhen und Tiefen eines langen Lebens haben ihn geprägt und bestimmen jetzt das Verhalten, wie auch die daraus erwachsenen Gewohnheiten, Vorlieben und Empfindlichkeiten.
» Das Wissen über die Lebensgeschichte und den Charakter verhilft uns dazu, diesen Menschen besser zu verstehen.
» Das Verständnis für die Eigenheiten kann den Pflegealltag erheblich erleichtern.

» Verständnis hilft auch, Verletzungen nicht persönlich zu nehmen, sondern sie als Versuch zu sehen, unbewältigte Gefühle zu verarbeiten (Frontallappen-Demenz).

» Biografiearbeit heißt, Puzzleteile aus der Lebensgeschichte zu sammeln und sie zusammenzufügen, so dass der Mensch nicht mehr als „ein unbeschriebenes Blatt" erscheint.

7.9 Gefahr in der Biografiearbeit

Muss das Betreuungspersonal immer alles wissen?

Fallbeispiel:

In einem Heim lebte eine kleine, alte Frau mit kunstvoller Hochsteckfrisur, die immer sehr schön gekleidet war. Sie war für alle Mitarbeiter, Besucher und Bewohner ein Mensch der Freude. Sie hatte immer Zeit zuzuhören, war immer da, wenn jemand Trost brauchte, sie entlastete oft das Personal, wenn sie mit einer agitierten Bewohnerin stundenlang den Gang auf und ab ging, bis diese zufrieden und müde in ihrem Sessel einschlief. Mit fast jedem Besucher, der ins Haus kam, redete sie ein paar Worte, und alle hatten sie gern, weil das Gespräch mit ihr jedem wohltat.

So ging das circa eineinhalb Jahre, bis eine neue Bewohnerin aufgenommen wurde. Als diese zum ersten Mal Besuch von ihrer Tochter bekam, wurde alles anders. Diese sah die alte Frau mit der Hochsteckfrisur im Aufenthaltsraum, zeigte auf sie und schrie: „Wisst ihr überhaupt, wer das ist?"

Sie erzählte dann lautstark, dass diese Frau die größte Hure ihrer Heimatstadt war und viele Ehen auseinander gebracht habe. Sie wolle nicht, dass ihre Mutter mit dieser Frau zu tun habe. Es gab keine Möglichkeit, die Tochter zu beruhigen, sie blieb bei ihrer Meinung und beschimpfte die alte Dame. Von dem Tag an gab es Bewohner und Besucher, die der alten Frau aus dem Weg gingen. Auch Mitarbeiterinnen, die selbst von ihren Männern betrogen oder verlassen wurden, die früher eine gute Beziehung zu ihr hatten, wollten sie jetzt nicht mehr pflegen. Sie sagten, dass die Begegnung mit ihr immer wieder alte Wunden auf-

reiße. Die Stimmung in dem Heim war von einem Tag auf den anderen schlecht. Manche Mitarbeiter, Bewohner und Besucher blieben den Gesprächen mit der alten Dame treu, weil sie diese als liebenswerte Person kennengelernt hatten. Die alte Dame aber zog sich immer mehr zurück, weil sie die Abneigung von gewissen Leuten spürte. Sie selbst sagte, dass sie kein Ärgernis für das Haus sein wolle.

7.10 Praktische Biografiearbeit

Die nun folgende Auflistung bietet Anregungen, wie die Biografiearbeit in der Praxis umgesetzt werden kann.

» Fotobiografie
» Erweiterung mittels Foto-CD
» Erinnerungspflege in Gruppen oder in Einzelarbeit mit vertrauten Gegenständen: Texte zur Jahreszeit, Melodien, Singen, Musizieren, Gedichte, Redewendungen, Sprichwörter, Arbeit, Gegenstände aus der Kindheit
» Lebensweisheiten, die mein Leben begleiten
» Zeitschiene/Zeittafel
» Lebensbaum
» Menschen in meinem Leben
» Freunde-Biografie
» Musik und Tanz
» Reime und Redensarten
» Aktivitäten aus dem Alltag
  Aktivitäten, die an frühere Erfahrungen anknüpfen, können unmittelbar Erinnerungen wachrufen und das Erleben von Kompetenz im Alltag fördern. Besonders geeignet für ältere Frauen erweist sich dabei das gemeinsame Kochen oder Backen, denn damit wird über die Erinnerung an die Sorge für die Familie angeknüpft. Durch diese Erinnerung an die früheren Kompetenzen und das Gefühl, gebraucht zu werden, kann auch Energie für die Bewältigung der Gegenwart freigesetzt werden. Hier ist zu bedenken, dass nicht jede Frau

gerne gebügelt, gekocht oder geputzt und nicht jeder Mann gerne Holz oder Büroarbeiten machte. Die Beschäftigungsangebote sollten sich an den biografischen oder momentanen Vorlieben des Einzelnen orientieren.

» Freuden-Biografie Schreiben
Manche Menschen, die ein angenehmes Leben führen könnten, fühlen sich oft unglücklich. Sie denken immer wieder an die unangenehmen Momente ihres Lebens und haben die vielen positiven Momente vergessen. Daher ist es sinnvoll, sich ganz aktiv auf die Suche zu begeben, was in seinem Leben schön war. Eine *Freuden-Biografie* oder ein *Glückstagebuch* zu schreiben, hebt das Glücksniveau.

Wichtig: Auch heute gilt, dass Verleugnungs- und Verdrängungsmechanismen als Schutz des *Ichs* vor bedrohlicher, individueller Überforderung unbedingt respektiert werden müssen.

In der Biografiearbeit sollten wir nie vergessen:

» Nichts ist absolut.
» Alles ist relativ.
» Werte können sich auch im Alter noch verändern.

Exkurs: *Nostalgie*, eine Bewältigungsstrategie

Nostalgie heißt so viel wie Heimweh, Rückkehr, Schmerz und wird heutzutage als eine natürliche Schutzreaktion der Psyche gegen Einsamkeit und Traurigkeit und als eine Antwort auf sozialen Stress gewertet.

Die Idee, dass sich nostalgische Gedanken und Produkte positiv auf die Psyche auswirken, ist neu. Lange Zeit wurde die Nostalgie als schwere neurologische Krankheit angesehen, die unbehandelt zum Wahnsinn führe. Im 19. Jahrhundert wurde sie als eine Form der Depression gewertet und erst im späten 20. Jahrhundert ist die düstere Sichtweise verschwunden und die glücklichen, aber unwiederbringlichen Erinnerungen an die Vergangenheit überwiegen seitdem.

Heute stehen die positiven Auswirkungen von Nostalgie auf die Psyche im Mittelpunkt unseres Denkens. Nostalgische Gedanken sind wie eine Auszeit, die es erlauben, dem stressreichen Hier und Jetzt zu entkommen. Menschen hängen dann nostalgischen Tagträumereien nach, wenn sie sich gerade wenig *vernetzt* fühlen oder ihr Selbstbewusstsein *angeknackst* ist. Einsame Menschen sind also häufiger nostalgisch, fühlen sich aber weniger alleingelassen, wenn sie sich an nostalgische Momente erinnern. Nostalgische Erinnerungen erlauben es uns, unser Selbst in einem guten Licht zu sehen. In Nostalgie schwelgende Menschen fühlen sich beliebter und sind der Meinung, dass es ihnen leicht falle, Freundschaften zu schließen. Es scheint also, dass selbst die Illusion von Bindung an andere das Selbstbewusstsein aufbessert.

Hat man also das Gefühl, nicht dazuzugehören, ist man einsam oder hat schlechte Laune, dann genügt oft ein Geruch (Nivea, Kölnisch Wasser), ein einzelnes Wort, ein Foto oder eine Süßigkeit *vom Opa*, um ein Gefühl von Zugehörigkeit und von dem Nicht-alleine-Sein zu erlangen. Für Ostdeutsche haben *Club-Cola* und *Spreewald-Gurken* tatsächlich eine emotionale Qualität. Die *Ostalgie* entstand nach dem Mauerfall. Es kam zur Suche nach Zugehörigkeit und Identität, weil die Ostdeutschen ihr *Heimatland* von heute auf morgen verloren hatten. Die Ost-Produkte wirken seitdem als eine Art Anker für Erinnerungen.

Marktforscher haben herausgefunden, dass Produkte aus der guten alten Zeit zum Trostpflaster für die Seele werden.

Wenn sich aber das beunruhigende Gefühl innerer Leere breit macht, können wir mit Liedern von früher oder mit emotionalen Geschichten von vertrauten Menschen unser seelisches Gleichgewicht wiederherstellen.

So schaffen *die guten alten Dinge* von damals eine Illusion von Orientierung und Konstanz.

Nostalgie ist aber nicht nur ein Gegenmittel gegen Einsamkeit, Traurigkeit und ein schwach ausgeprägtes Selbstwertgefühl.

Sie hat noch eine weitere Funktion: Sie nimmt uns die Angst vor dem Tod.

Sie füllt das Leben mit Bedeutung, schlägt eine Brücke zwischen Vergangenheit und Zukunft und erzeugt so ein Gefühl der Selbstkontinuität. Gleichzeitig vermitteln die Erinnerungen an persönlich wichtige Menschen die Vorstellung, dass unser Leben bislang richtig und wichtig war, wodurch es leichter fällt, damit seinen Frieden zu schließen.

Nostalgie ist wie eine Schneekugel, die bei jedem Schütteln zu neuem Leben erweckt wird. Und die meisten Menschen schütteln regelmäßig. 79 Prozent hängen zumindest einmal pro Woche nostalgischen Erinnerungen nach.

Die kurzen Tagträumereien sind das beste Seelenelixier, versichern Psychologen. (Vgl. Einzmann 2011)

L. Berchtold

7.10.1 Biografie-Fragebogen

Biografiearbeit

A_____
B_____
C_____
D_____
E_____
F_____
G_____
H_____
I_____
J_____
K_____
L_____
M_____
N_____
O_____
P_____
Q_____
R_____
S_____
T_____
U_____
V_____
W_____
X_____
Y_____
Z_____

Biografiefragebogen

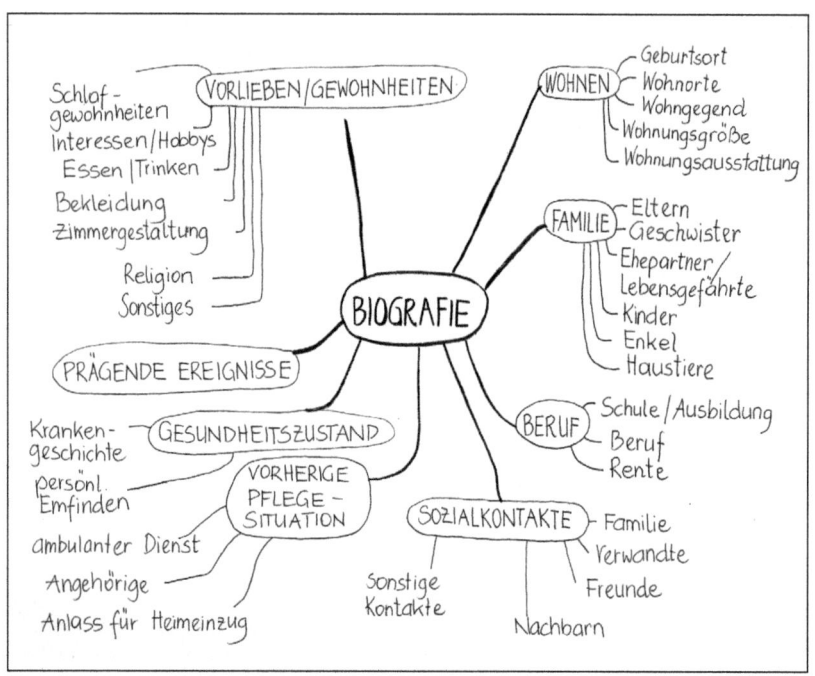

Biografie nach Heidi-Ulla Drucker, selbst erstellt

8

SEXUALITÄT UND DEMENZ

Liebe äußert sich nicht nur in Küssen und Sexualität, sondern auch darin, dass man einen Menschen findet, der eine Schulter zum Anlehnen hat, der uns die Hand gibt, wenn es uns nach unten zieht.
Die Auswirkung der Demenz auf die Sexualität ist wichtig, weil die Fähigkeit zur sinnlichen Kommunikation viel länger erhalten bleibt als die sprachliche Kompetenz.

Zwar verlieren manche Demenzveränderte gänzlich das sexuelle Interesse, bei einigen bleibt jedoch das bisherige Verlangen nach Sexualität erhalten und wieder andere haben sogar ein gesteigertes sexuelles Bedürfnis.

Es ist also ein Irrtum, dass Menschen mit Demenz keine sexuellen Bedürfnisse mehr haben. Sie haben nur in den meisten Fällen keine Möglichkeit, sie auszuleben. Deshalb ist es wichtig, dass Pflegepersonen in der Ausbildung gut auf die Herausforderung *Sexualität im Alter* vorbereitet werden, damit verklemmte und überholte Herangehensweisen an dieses Thema über Bord geworfen werden und ältere Menschen, egal welcher sexuellen Orientierung sie sich zugehörig fühlen, in Selbstbestimmtheit ihren Lebensabend genießen können.

Wenn sie könnten, wie sie wollten, …

» wäre Sexualität weiterhin ein wichtiger Bestandteil ihres Lebens,
» würden sie ihren sexuellen Bedürfnissen Ausdruck verleihen,
» hätte ihr Leben wieder einen Sinn. Aber was würden die anderen dann von ihnen denken?

Die Partner sind oft schon verstorben oder in Sozialzentren. Da wird es schwer, neue Kontakte zu knüpfen. Und wenn eine Anbahnung im Gange ist, verniedlicht das Pflegepersonal die Situation oft, um die eigene Angst zu minimieren.

Sobald wir über Sexualität sprechen, spielt unbewusst die eigene sexuelle Biografie eine große Rolle. Die Erfahrung, die jeder selbst für sich gemacht hat, wirkt wie eine Brille, durch die jeder von uns die Sexualität des anderen sieht und auch bewertet. Davon wird es abhängen, was wir bei dem anderen zulassen und was nicht.

Menschen, die in jungen Jahren Sexualität unbeschwert und frei gelebt haben, werden auch im Alter ein höheres Bedürfnis danach haben. Aber jene, die schon damals ihre Sexualität nicht ausleben konnten und sie geheim halten mussten, werden dies auch im Alter so beibehalten. Früher war das für homosexuell lebende Menschen, ob schwul oder lesbisch, eine Überlebensstrategie. Hier braucht es eine starke Sensibilisierung, um auch Vergangenheitsbewältigung zu ermöglichen. Wertschätzung und eine respektvolle Haltung können sehr heilsam sein.

Zurzeit werden noch viele Seniorenheimbewohner mit ihrer Lust allein gelassen. Diese Situation ist unwürdig, denn: *Würde bedeutet, eine Alternative zu haben.*

Die Sexualität gehört neben dem Essen, dem Trinken und dem Schlaf zu den existenziellen Bedürfnissen des Menschen. Die Sehnsucht nach Angenommensein, Geborgenheit, Trost, Zärtlichkeit, Zuneigung, Vertrautheit und Intimität, das Wahrgenommen-Werden als Mann oder Frau ist keine Frage des Alters, sie begleitet uns bis zum Tod. Sexualität ist ein Bestandteil unserer individuellen Persönlichkeit, sie ist nicht trennbar von unserem Selbst. (Vgl. Gplus 2012)

> *„Weder Gefühle noch die Libido nehmen im Alter zwingend ab."*
> Unbekannt[29]

8.1 Sexualassistenz als eine mögliche Lösung

Sexualassistenten sind Frauen und Männer, die aus einer transparenten und bewussten Motivation heraus Menschen mit einer Beeinträchtigung Hilfestellungen zum Erleben ihrer Sexualität anbieten und dies zu ihrem Beruf machen. Sie ermöglichen Menschen mit einer körperlichen und/oder geistigen Beeinträchtigung ein intimes, sinnliches und erotisches Erlebnis und vermitteln ihnen ein positives Körpergefühl. Sie setzen ihren eigenen Körper ein, um anderen Freude und Lust zu bereiten, und bieten unter anderem Beratung, Massage, Zärtlichkeit, nackten Körperkontakt, Anleitung zur Selbstbefriedigung und Handentspannung (Genitalmassage) an. Einige bieten auch Geschlechtsverkehr und Oralkontakt an. Sie achten Menschen mit Behinderung als gleichwertig.

Die Sexualität und die Sinnlichkeit, die hier gemeint ist, ist eine ganzheitliche, ganzkörperliche, lebendige, bewusste und nicht *mechanische* Sexualität, wie man sie öfter in der sogenannten *Prostitution* oder auch in vielen Ehebetten findet.

In der pflegerischen oder jeglichen anderen Arbeit mit Menschen, die eine Assistenz benötigen, begegnen wir zwangsläufig auch dem Thema Sexualität im weitesten Sinne. Das Bedürfnis nach Berührung und Zärtlichkeit sowie der Wunsch, als sexuelles Wesen wahrgenommen zu werden – bis hin zu eindeutigen erotischen, sexuellen Wünschen und Bedürfnissen – bleiben bestehen.

Hilflosigkeit, Unwissen, aber auch die geradezu sture Weigerung, diese Wünsche, Bedürfnisse und Sehnsüchte zu beachten, führen zu großer Einsamkeit, emotionalem und körperlichem Verhungern, Zwangshandlungen, Verspannung, Verkrampfung, Selbstverletzungen, Unzufriedenheit und herausforderndem Verhalten. Sexualassistenz kann da eine mögliche und humane Lösung sein.

Es ist von großer Wichtigkeit, dass Menschen, die mit behinderten oder alten Menschen arbeiten, eine entspannte, offene Haltung ihrer eigenen Sexualität gegenüber haben. Wenn das nicht der Fall ist, werden sie auch nicht angemessen auf die

Bedürfnisse ihrer Klienten eingehen können. Sie werden eigene Bedürfnisse projizieren oder das, was sie wahrnehmen, leugnen. So werden Missbrauch und Missachtung möglich, weil mit dem Thema nicht offen und ehrlich umgegangen wird. Es gibt noch viel zu tun, wenn wir nicht wollen, dass diese Menschen zusätzlich durch eine mangelnde Offenheit in ihrem Umfeld behindert werden. (Vgl. Gplus 2012)

8.2 Herausforderndes Verhalten

Rahmenempfehlungen von Experten (Vgl. Von Manteuffel 2006):
Demenzveränderte Menschen zeigen oft einen ausgeprägten Bewegungsdrang, nächtliche Unruhe und konfrontieren Pflegende häufig mit Schreien, Drohgebärden oder körperlichen Attacken und anderen Verhaltensweisen, die auf den ersten Blick keinen Sinn ergeben.

Hier stellt sich die Frage: Wie kann man bei Betroffenen die Würde erhalten, ohne selbst *auszubrennen*?

Belastend sind vor allem

- » Scheinbar unmotiviertes Rufen
- » Aggressivität
- » Kontrollverluste
- » Unvorhersehbares Verhalten der Patienten
- » Trotz oder vorsätzliches Schwierig-Sein.

Dieses Verhalten kann Pflegende ärgern, sie bis an den Rand ihrer Geduld bringen und sie zu Reaktionen wie Vorwürfen und Abgrenzungen verleiten, die dann meist kontraproduktiv wirken.

8.2.1 Herausforderndes Verhalten im sexuellen Sinn

Erich Schützendorf berichtet von den schwierigen Konflikten, in die die Pflegerinnen und Pfleger geraten, wenn die Sexualität der dementierenden Menschen unbefriedigt bleibt. Dazu einige Auszüge:

„Ich weiß nicht, wie es dir ergeht, aber ich habe mit der Sexualität so meine Probleme …

Ich habe überhaupt keine Probleme, wenn ich mir eine in Ehren und Anstand ergraute Frau vorstelle, die ein Leben lang ihre sexuellen Bedürfnisse verheimlicht hat oder die bei ihrem Mann nicht die ersehnte Erfüllung fand. Wenn ich mir weiters vorstelle, dass sich diese Frau im Alter von ihren Zwängen befreit und sich in einen gepflegten älteren Herrn verliebt, mit ihm ihren und seinen Körper entdeckt und dabei zum Höhepunkt kommt, möchte ich laut ausrufen:

,All die sexuell verklemmten und spießigen Moralapostel, sie sollen nur kommen und die Alten behindern. Denen werde ich die Maske der Verlogenheit herunterreißen, ihnen entgegen schreien, sie sollen zuerst mal ihre eigene Sexualität in Ordnung bringen. Vehement werde ich mich dafür einsetzen, dass die beiden ihre Lust ohne Wenn und Aber genießen dürfen. Da brauch' ich nur an die vertrocknete Oberschwester zu denken, die dem alten Mann mit der Wurzelbürste über die Hoden fährt, damit er nicht auf dumme Gedanken kommt. Schon weiß ich, wo der Feind auszumachen ist.'

Anders schaut es aber aus, wenn ich als Pflegeperson das Objekt der Begierde bin:

So greift eine alte Frau nach meiner Hand und will sie zu ihrer Scheide führen. Es dauert einen Moment, bis ich ihre Absicht durchschaue. Dann ziehe ich erschrocken meine Hand zurück. Sie mit meiner Hand zu stimulieren wäre das Letzte, wozu ich bereit wäre.

Benutzt und angewidert fühle ich mich auch bei der 84-jährigen Frau Schmitz, die sich in jeden Mann verliebt und natürlich auch in mich. Ich bin ihr kleiner Liebling, den sie gerne küssen will. Sie bettelt um einen Kuss und wirbt um mich:

‚Komm doch mal mein Süßer, mein kleiner Liebling. Ein kleines Küsschen. Das ist doch schön. Ich küsse gerne. Ein süßer Kuss.‘ Ich sehe ihre feuchten Lippen, den klebrigen Mund und den Speichel in ihren Mundwinkeln. Der Gedanke, sie zu küssen, erzeugt Brechreiz in mir. Ich antworte freundlich, dass ich keine Lust habe, sie zu küssen. Das hält Frau Schmitz nicht ab, weiter um mich zu werben. Sie verstärkt ihre Mittel, und zwar recht drastisch:

‚Du kannst auch an meine Titten gehen.‘

‚Ich hab' schöne große Memmen.‘

‚Die werden dir gefallen. Lass mich mal fühlen, du hast bestimmt einen großen Pimmel. Mein Mann hatte solche Eier. Ha, das hat mir gefallen.‘

Aus der ganzen Mimik und Gestik von Frau Schmitz spricht eine unverhohlene Lust. Sie erregt sich an ihren Worten und vielleicht auch an meiner Verlegenheit, die sie in ihr Spiel einzukalkulieren scheint. Taxiert sie unverhohlen meinen Schoß, um die Größe meines Gliedes abzuschätzen, werfe ich einen kontrollierenden Blick nach unten und versuche gleichzeitig, ihr keinen freien Blick auf mein Geschlecht zu gewähren. Ich drehe mich zur Seite, ziehe meinen Pullover tiefer oder schlage, wenn ich sitze, meine Beine übereinander. Ich finde ihr Benehmen unpassend und möchte ihr am liebsten ein paar passende Worte sagen. Aber sie würde sich an meinen Worten wahrscheinlich noch weiter aufgeilen. Also denke ich, dass sie einfach scharf ist. Das darf sie ja, aber nicht bei mir, und so entferne ich mich von ihr und versuche, ihr möglichst lange aus dem Wege zu gehen.

Besonders widerwärtig erlebe ich Frau Schmitz, wenn sie mich mit dem Vorwand, sie könne ihren Po nicht abputzen, auf die Toilette lockt. Kommt man ihrem Wunsch nach, begleitet sie den Vorgang mit lustvollem Gestöhne und mit entsprechenden obszönen Bemerkungen:

‚Du machst das so schön.‘

‚Du bist so sanft. Du musst mich mal da hinten mit deinem Pimmel bearbeiten.‘ Längst begleitet sie kein männlicher Pfleger mehr zur Toilette. Seither hat Frau Schmitz die Pflegerinnen zum Objekt ihrer Befriedigung gemacht. Ihr neuestes Spiel besteht darin, so zu tun, als hätte sie ihr Geschäft schon erledigt, um den Pflegerinnen genussvoll auf die Hand kacken zu können, natürlich mit entsprechenden Kommentaren ihrerseits: ‚Oh, Schwester, jetzt kommt es.‘ (…).“ (Vgl. Schützendorf 1996)

Ein wichtiger Schritt ist hier die Suche nach Erklärungsmodellen für diese sexuell provokativen Verhaltensweisen und ein kreatives Finden von pflegerischen Interventionen für solch ein herausforderndes Verhalten. Man sucht hier nach inneren und äußeren Gründen als Auslösern.

Pflegewissenschaftler von der Universität Witten/Herdecke haben sieben Rahmenempfehlungen aufgestellt. Sie sollen bei regelmäßiger Anwendung die Lebensqualität der demenziell veränderten Menschen und des betreuenden Personals erheblich verbessern.

1 – Verstehende Diagnostik

Das Verhalten zu verstehen, wird als unverzichtbar für weitere Maßnahmen angesehen. Jedes Verhalten hat einen Grund.

Herausforderndes Verhalten wird als ein Signal unerfüllter Bedürfnisse gesehen, das vom Personal nicht erkannt, nicht verstanden, nicht kommuniziert und nicht unterstützt wurde. Das könnten zum Beispiel Durst, Schmerz, Langeweile, Pflegeroutine, Lichteinfall, Geräuschpegel und andere Umgebungseinflüsse sein.

2 – Verhalten in der Praxis erfassen

Um Hintergründe und Auslöser von herausforderndem Verhalten zu verstehen, wird dem Pflegepersonal individuelle Beobachtung und beschreibendes Festhalten der Erkenntnisse empfohlen. Regelmäßigkeit und Kontinuität von Maßnahmen sind für den Erfolg unabdingbar.

Fallbesprechungen mit externen Begleitern können die Sichtweisen der Mitarbeiter so verändern, dass sich schwierige Situationen nicht mehr ergeben.

3 – Validieren

Alle Mitarbeiter sollten Kenntnisse über die validierende Grundhaltung haben. Wertschätzung und Einfühlungsvermögen sowie ein gefühlsorientierter, verstehender Umgang sollten Grundvoraussetzungen in der Betreuung darstellen.

4 – Erinnerungspflege

In der Erhebung einer individuellen Biografie werden vor allem die positiven Erlebnisse gesammelt und in die validierenden Gespräche als *roter Faden* eingebaut.

5 – Berührung, Basale Stimulation

Die Anregung der Sinne mit biografisch wertvollem Material kann dem herausfordernden Verhalten vorbeugen. (zum Beispiel Hunde, Katzen zum Streicheln, Mitarbeit beim Kochen und Ähnliches).

6 – Bewegungsförderung

Körperliche Aktivitäten wirken günstig gegen herausforderndes Verhalten. Sie müssen individuell ausreichend ermöglicht werden (mindestens eine halbe Stunde im Freien).

Ideal wären Gärten mit vielen Sinneseindrücken, in denen man nicht gesehen wird, mit Sträuchern und Büschen, die Sichtschutz bieten und Düfte verbreiten. Individuell müssen auch die Sturzprophylaxe, Hilfsmittel und die Medikation berücksichtigt werden.

7 – Pflegerisches Handeln in Krisensituationen

Auch bei Krisen ist eine wertschätzende Grundhaltung Voraussetzung. Ohne den Menschen in seiner Realität korrigieren oder bestätigen zu wollen, sollte versucht werden, das Gefühl, das hinter der Krise steckt, zu erfassen und zu thematisieren oder einfach *mitzugehen*. Fixierung und die Gabe von Psychopharmaka sollten nur in Ausnahmesituationen eingesetzt werden. (Vgl. Bundesministerium für Gesundheit, S61ff)

9

KLASSISCH VALIDIERENDE DOKUMENTATION

Mit einer gezielten Pflegeplanung versuchen wir die psychosozialen Grundbedürfnisse des Menschen ansatzweise zu befriedigen. Vor dem Hintergrund der Biografie werden seine Themen gesucht, seine Ziele formuliert und ein Maßnahmenblatt erstellt, das auf seinen Ressourcen aufgebaut ist.

Um Sicherheit zu geben, müssen deshalb Maßnahmen immer rituell, das heißt vor allem, zur selben Zeit ausgeführt werden. (Vgl. Scharb 1996)

9.1 Plan für validierende Pflege

Dieses Arbeitsblatt muss möglichst exakt und vollständig ausgefüllt werden.

9.1.1 Auszug aus der Pflegediagnose (PD)

Psychosoziale Pflegediagnosen liefern uns die Grundlage für Pflegeziele und Pflegehandlungen. Sie dienen der Feststellung und Einschätzung der klientenbezogenen psychosozialen Probleme.

„Körperorientierte Pflegediagnosen werden im Rahmen dieses Konzeptes nur dann angeführt, wenn daraus eine Beeinträchtigung der Lebensqualität der einzelnen Klienten resultiert und somit eines oder mehrere der psychosozialen Grundbedürfnisse des einzelnen Klienten unbefriedigt bleiben."
Brigitte Scharb [30]

Hilfe zur Erstellung einer PD (TES):

» Thema: Was nehme ich wahr oder was beschreibt der Patient? (Schwierigkeiten und Beeinträchtigungen, Beobachtungen, Gewohnheiten im psychosozialen Bereich)
» Einflussfaktoren: Warum? (Ursachen)
» Symptome: was, wann, wie, wo, wie oft? (Vgl. Scharb 1996)

9.1.2 Ressourcen

Ressourcen sind die inneren und äußeren Kräfte und Fähigkeiten der Klienten, die von den Pflegenden erkannt und zu einer ansatzweisen Befriedigung der psychosozialen Grundbedürfnisse eingesetzt werden.

Ressourcen existieren in der *Person* des Klienten selbst, in seiner *Umgebung* und in den *Geschichten der Vergangenheit*.

Dazu zählen:

» physische Fähigkeiten, zum Beispiel Bewegung, Essen, Trinken
» psychische Fähigkeiten, zum Beispiel Ehrgeiz, Optimismus, Charaktereigenschaften; hierzu zählen auch religiöse Beziehungen (Hoffnung) und Lebenswünsche („Das möchte ich noch erleben.")
» soziale Fähigkeiten, zum Beispiel Familienbindungen, Kontakte zum Umfeld

Wichtig: Versuche beim Erfassen der Biografie möglichst detailliert zu erfahren, was die Klienten früher gerne gemacht haben, was wichtig für sie war, ob sie gerne gesungen und Musik gehört haben, welche Art von Musik das war, ob sie gern ins Theater gegangen sind oder ins Kino, ob es einen Schauspieler gegeben hat, den sie mochten; ob sie Ausflüge gemacht haben, gereist sind und welche Hobbys sie hatten. Je mehr man von den Klienten weiß, desto individueller kann man validierende Pflegemaßnahmen setzen. Aber auch Gewohnheiten können als Ressourcen wichtig werden: Die Art und Weise, wie eine Person ihre Bedürfnisse in regelmäßig sich wiederholender Weise stillt, wird als Gewohnheit bezeichnet. Diese ist etwas Eigenständiges, Vertrautes und wird oft von Betreuern als gesundheitsfördernd oder gesundheitsschädigend bewertet. Wenn eine solche Gewohnheit aber zu einem Grundbedürfnis wird, entstehen Entzugserscheinungen, wenn Menschen sie aufgeben müssen. Oft sind uns unsere Gewohnheiten gar nicht bewusst, sie können aber auch, wenn es für uns eine Ressource ist, von Mitmenschen als störend wahrgenommen werden. (Vgl. Scharb 1996)

9.1.3 Themen

Themen/Probleme sind Beeinträchtigungen für Klienten, die sie selbst nicht mehr ausgleichen können. Sie reduzieren die Befriedigung der psychosozialen Grundbedürfnisse. Deshalb sind diese Menschen auf unsere Hilfe angewiesen.

Statt *Probleme* verwenden wir das Wort *Themen:*

» physische Themen, zum Beispiel Gehunfähigkeit, Schmerzen, Sehschwäche, Schwerhörigkeit, Inkontinenz
» psychische Themen, zum Beispiel Gefühl der Verlassenheit, Heimweh, Trauer, Angst, Zorn

Alle Themen werden objektiv und konkret formuliert, das heißt, sie werden als eine *reine Beobachtung* ohne Interpretation und ohne Werturteil wahrgenommen.

Wichtig: Die Frage nach dem Krankheitsgewinn kann unvoreingenommen gestellt und in der Planung mitbedacht werden. Willst du deinen persönlichen Eindruck beschreiben, so musst du deutlich darauf hinweisen: „Ich habe den Eindruck, dass ...", und Ähnliches. Bei jedem Thema wird die mangelnde Befriedigung eines bestimmten psychosozialen Grundbedürfnisses angeführt. Dann wird beschrieben, mit welchen Symptomen sich die Themen zeigen.

Zur Erinnerung sei hier gesagt, dass hochbetagte Menschen vier psychosoziale Grundbedürfnisse haben

» Sich sicher und geborgen fühlen
» Status und Prestige besitzen
» Produktiv sein und gebraucht werden
» Spontane Gefühle äußern dürfen

Achte bei der Erfassung der Themen darauf, **dass du wirklich die psychosozialen Themen der Klienten beschreibst!**

Beschreibe *nicht* die Themen, die *du* mit den Klienten hast.

So ist zum Beispiel der Vermerk *Inkontinenz* allein kein Nachweis dafür, dass der betroffene Klient damit ein Problem hat. *Psychosoziales Grundbedürfnis nach Status und Prestige ist unbefriedigt, empfindet Scham über seine Inkontinenz*: Das ist eindeutig als patientenbezogenes psychosoziales Thema zu erkennen.

Vieles, was von den Pflegenden als Problem empfunden wird, ist in Wirklichkeit eine Ressource der Klienten! Reflektiere daher deine Feststellungen sorgfältig, bevor diese in die Dokumentation aufgenommen werden! (Vgl. Scharb 1996)

9.1.4 Psychosoziale Ziele

Ziele beschreiben den Zustand, der erreicht ist, wenn die validierende Pflegemaßnahme erfolgreich war.

Ziele müssen ausgehend vom Standort der Klienten und als Ergebnis einer Tätigkeit formuliert werden. Sie dürfen *nicht* als validierende Pflegemaßnahme beschrieben sein. Ein Ziel richtig formuliert ist also das *Ergebnis* der erfolgreich durchgeführten validierenden Pflegemaßnahme.

„Bei jedem Ziel müssen die Faktoren genannt werden, an denen erkannt wird, dass das Ziel tatsächlich im angestrebten Ausmaß und in der angestrebten Zeit erreicht wurde."

Ziele müssen *realistisch, überprüfbar, eindeutig, unmissverständlich, knapp* und *erreichbar* sein.

Wenn die Ziele zu hoch gesteckt sind und daher nicht erreicht werden können, ist die Frustration praktisch eingeplant! Es ist daher zielführender, von einer *ansatzweisen, einer besseren* oder *einer teilweisen* Befriedigung der einzelnen psychosozialen Grundbedürfnisse auszugehen, da eine vollständige Bedürfnisbefriedigung kaum zu erreichen sein wird. (Vgl. Scharb 2005, S.195)

9.1.5 Validierende Pflegemaßnahmen

Die geplanten validierenden Pflegemaßnahmen müssen in Art, Umfang und Angabe des Zeitpunktes ebenso genau dokumentiert werden, wie andere Pflegemaßnahmen auch (zum Beispiel täglich morgens ein Tropfen eines Medikamentes in das linke Auge, jeden Dienstag 10:00 Uhr: Physiotherapie). Daher sollte man auch bei den validierenden Pflegemaßnahmen exakt notieren: zum Beispiel *Mo, Mi, Fr 10:00 Uhr: fünf Minuten validierendes Gespräch mit Fachkraft für validierende Pflege zu Themen der Ressourcen, Jeden Samstag 9:00 Uhr: 30 Minuten Vollbad mit Lavendelölzusatz, macht der A-Dienst.* Also wird immer beschrieben, *was, wann, wie, wie lange, wie oft und von wem* durchgeführt wird. Rituale sind für viele desorientierte hochbetagte Menschen wichtig, weil sie Sicherheit geben.

„Kein Ziel ohne Thema. Kein Thema ohne Ziel. Für beide braucht es in der Planung eine entsprechende validierende Pflegemaßnahme!"

Jedes einzelne Thema bekommt eine fortlaufende Nummer, dieselbe Nummer bekommen das dazugehörende Ziel und dann auch die dazugehörigen validierenden Pflegemaßnahmen. Für die pflegende Person wird es so einfacher sein, bei der Eintragung in die Dokumentation nichts zu übersehen. Man vermeidet dadurch, ein bestehendes Problem eines Klienten unberücksichtigt zu lassen.

Das Pflegepersonal muss immer erklären können, *warum* eine bestimmte Maßnahme gesetzt wurde. Wenn ein Bewohner das Essen verweigert, muss nachgewiesen werden, was vom Pflegepersonal dagegen unternommen wurde. Bewohnerspezifische Besonderheiten werden beobachtet (Biografie).

Beispiel: Der Bewohner muss zehn Minuten vor einer Pflegehandlung informiert werden, weil er genug Zeit braucht, um sich auf das Kommende einzustellen. (Vgl. Scharb 1996)

9.1.6 Eigener Kommentar

Diese Rubrik ist für deine ganz persönliche Stellungnahme zu deiner persönlichen Arbeit vorgesehen. Zum Beispiel: Was ist mir leicht/schwer gefallen, was erwarte/befürchte ich, welche Erfahrungen habe ich bisher gemacht? Oder was werde ich noch ausprobieren? Was denke ich darüber?

9.1.7 Evaluation

Sie basiert auf objektiven Daten (messbar, überprüfbar). Subjektive Daten stützen sich auf eigene Beobachtungen, auf Äußerungen des Bewohners und auf Verhaltensweisen bei der Pflege oder Betreuung. In der Evaluation werden immer nur die Ziele evaluiert, die in der Pflegeplanung als Ziel formuliert wurden.

9.1.8 Berichtblätter

Berichtblätter sind immer zu nummerieren.

Der Verlauf wird als Bericht beschrieben, damit evaluiert werden kann, ob die Pflege oder Betreuungsmaßnahmen zum Pflegeziel führen.

Beispiel: Der Bewohner hat heute zum ersten Mal gelächelt.

Kernfragen:

» Wie wirken die Verluste/Einschränkungen auf den Bewohner?
» Wie reagiert er darauf?

Herausforderndes Verhalten des Bewohners ist zum Beispiel als eine Möglichkeit des Ausdrucks der Verzweiflung über die eigene Lebenssituation zu verstehen oder könnte als eine Reaktion auf Personalverhalten erkannt werden. Pflegende, die in der heutigen Hektik als Begleiter von Menschen keine Entspannungs- oder Ruhephasen einlegen, werden nach kurzer Zeit nicht mehr in der Lage sein, dem ihnen anvertrauten Menschen ruhig und gelassen zu begegnen.

Ihre Sprache wird unbarmherzig, sie belehren, erniedrigen, demütigen und weisen zurecht. Gewaltmaßnahmen, auch wenn sie als *letzte Möglichkeit* gesehen und unter Beachtung aller Rechtsvorschriften durchgeführt werden, verringern Vertrauen und bewohnerorientiertes Handeln.

Viele verabscheuen Gewaltmaßnahmen in den Institutionen, dennoch wird man kaum gänzlich ohne sie auskommen können, jedoch bedarf es kritischer und alternativer Bemühungen, um eine Verletzung der Menschenwürde zu vermeiden. (Vgl. Scharb 1996)

9.1.9 Arbeitsblatt für validierende Pflege

Klient:	Datum:	Erstellt von:
Biografie:		
Informationen vom Team/von Angehörigen:		
Ressourcen:		
Themen:		

Plan für validierende Pflege (Vgl. Scharb, 1996)

Klient:	Datum:	Erstellt von:

Ziele:

Psychosoziale Pflegediagnose:

Validierende Pflegemaßnahmen:

Eigener Kommentar zum Ist-Zustand:

Plan für validierende Pflege (Vgl. Scharb, 1996)

10

STADIEN DER DEMENZ

Naomi Feil beschreibt den Rückzug hochbetagter Menschen in ihre Vergangenheit weder als Geisteskrankheit noch als Gebrechen, sondern als eine Form des Überlebens. Sie teilt die Desorientierung der Menschen in vier Stadien ein. Jedes Stadium stellt einen weiteren Rückzug aus der Realität dar. Ausdrücklich weist sie darauf hin, dass sich bei fehlender psychosozialer Begleitung desorientierte Menschen innerhalb kürzester Zeit von einem Stadium zum nächsten Stadium bewegen können. *Validation ist eine Möglichkeit, eine Verbesserung herbeizuführen oder einen Rückzug, wenn er nicht verhindert werden kann, zu begleiten.*

10.1 Stadium 1

Mangelhaft orientiert an der Realität

L. Berchtold

181

„Viele Leute möchten in ihrer Entwicklung immer große Sprünge machen. Das ist gut, doch bedenke, dass du dabei die Schönheit jedes einzelnen Schrittes übersiehst. Jeder kleine Schritt hat seinen eigenen inneren Plan. Möchtest du ihn nicht kennen lernen? Wenn du achtsam Schritt für Schritt in deiner inneren Entwicklung weitergehst, machst du die Erfahrung, dass du innerlich stärker wirst und dir wird auch bewusst, was du für das große Ziel getan hast."

Gurumayi Chidvilasananda[31]

10.1.1 Mangelhaft oder unglücklich orientiert an der Realität

Menschen in diesem Stadium stehen oft unter körperlichem und seelischem Druck. Jegliche Veränderungen, besonders wenn sie mit einem körperlichen oder seelischen Verlust einhergehen, lösen Stress durch Bedrohung aus. Die Menschen werden überfordert, erleben ihre eigene Unzulänglichkeit, die sie vor der Umwelt verbergen wollen. Deshalb ziehen sie sich immer mehr zurück oder wirken oft streitsüchtig, verletzend, angriffslustig und/oder beleidigend. Die Menschen spüren, dass ihre Ich-Identität verloren geht und sich körperliche und seelische Verluste ausbreiten.

Es kann daher eine schwere Identitätskrise auslösen, wenn *alte aber liebgewonnene Sachen* aus der unmittelbaren Umgebung der hochbetagten Personen ohne Rückfragen entsorgt werden. Was für uns nicht mehr gebrauchsfähig erscheint, bedeutet für diese Menschen eine ständige Rückversicherung, dass ihre Identität, ihr eigenes Selbstverständnis, noch existiert.

Ein Mensch in Stadium 1

» klammert sich verzweifelt an die Realität der Gegenwart
» klammert sich an seinen Besitz (Hut, Tasche, Stock …)
» möchte alles an seinem richtigen Platz haben

- » zeigt Interesse an der Umwelt, möchte wissen, wer die anderen sind
- » braucht Status und Prestige
- » hat eine leicht verständliche Sprache, verwendet korrekte Wörter
- » erfindet Entschuldigungen für Gedächtnisverlust und fürchtet sich davor
- » konfabuliert
- » leugnet den Verlust von Seh-, Hör- und Bewegungsvermögen (will es vor der Umwelt verbergen)
- » legt Wert auf körperliche Distanz
- » widersetzt sich Veränderungen (hat Angst vor körperlichen und seelischen Verlusten)
- » hat Angst vor Kontrollverlust
- » leugnet Gefühle wie Einsamkeit, Beklemmung, Angst, Eifersucht und Ablehnung
- » möchte sich unter Kontrolle haben
- » steht oft unter körperlichem und seelischem Druck, Muskeln sind angespannt
- » macht präzise Körperbewegungen
- » weiß Tages- und Jahreszeit
- » hat einen klaren, zielgerichteten Blick
- » ist kontinent
- » hält Regeln ein
- » kann überwiegend für sich selbst sorgen
- » fühlt sich in Gegenwart von verwirrten Menschen deplatziert oder bedroht, macht Aussagen wie: „Ich gehöre nicht zu diesen verrückten Leuten."
- » beschuldigt andere, ihn zu bestehlen, ihn vergiften zu wollen
- » hat fixe Ideen.

Zu vermeiden ist

- » ihm zu widersprechen
- » ihn zu verbessern
- » ihn mit der Wahrheit zu konfrontieren

- » zu lügen
- » ihn zu bevormunden
- » so zu tun, als würde man ihm glauben.

Wir sollten Fragen stellen, statt zu lügen und sollten *unsere* Realität nicht über *seine* momentane Wahrheit stellen.

10.1.2 Dem Fortschreiten einer Desorientiertheit vorbeugen

- » Einsamkeit verhindern
- » Zeitstrukturen schaffen (Tag, Woche, Jahr mit Ritualen)
- » regelmäßige Tagesplanung, um Langeweile zu reduzieren (nicht überfordern)
- » Fördern der Selbsthilfe, Restfähigkeiten nutzen (nicht überfordern)
- » Erfolgserlebnisse ermöglichen
- » Tätigkeiten/Beschäftigungen aus früheren sozialen Rollen geben, wenn die Dementierenden das wollen
- » Status und Prestige heben
- » Orientierung geben
- » Oft können Pflegeprobleme als Ressourcen genutzt werden, das heißt, wenn ein Klient beispielsweise schimpft und schlägt, weil der Betreuer zu schnell ist, bedeutet das, dass er sich noch wehren oder Selbstbestimmung leben kann. Also für den Betreuer ein Problem aber für den Klienten eine Ressource.

> *„Menschen in Stadium 1 möchten von einer Autorität validiert werden (z. B. Personal, Freunde, Ärzte)."*
> Naomi Feil[32]

Nicht jeder ist für die Umsetzung dieser Methode geeignet.

„Nach unserer Erfahrung ist ein Begleiter, der versucht,
eine Methode anzuwenden, zum Misserfolg verurteilt,
solange diese Methode nicht mit seinen eigenen
Grundeinstellungen übereinstimmt."
Carl Rogers[33]

10.1.3 Emotionen

Laut Feil gibt es vier ungemischte menschliche Emotionen, die
wir alle mit unterschiedlicher Intensität erfahren können:

Liebe = Vergnügen/Freude/Sex
Ärger = Wut/Hass/Missvergnügen
Angst = Schuld/Scham/Beklemmung
Trauer = Elend/Kummer (Vgl. Feil 1999)

„Reagieren Sie mit Gefühl auf die Emotionen des Patienten. Ein Bei-
spiel: Eine Frau rast aus dem Zimmer mit den Worten: ‚Meine Mutter
braucht mich.' Der Validationsanwender sagt in derselben Emotion: ‚Sie
sind besorgt. Ist Ihre Mutter allein?'

Suchen Sie also einen Zusammenhang zwischen Verhalten und emo-
tionalem Bedürfnis.

Passen Sie Ihren Gesichtsausdruck, Ihren Körper, Atem und Stim-
me den Gefühlen des Patienten an. Es wird Ihnen leichter fallen, wenn
Sie sich an die Momente Ihres Lebens erinnern, als Sie selbst genauso
gefühlt haben." (Feil 1999)

10.1.4 Validationstechniken in Stadium 1

» In Verbindung sein
» Freimachen von inneren Spannungen
» Zentrieren
» Aktiv zuhören
» Grundregeln für das validierende Gespräch

- » W-Fragen
- » Zusammenfassen und Wiederholen
- » Extreme einsetzen (Polarity)
- » Gegenteil abfragen
- » Lösungen aus der Vergangenheit
- » Tanzen
- » Kalibrieren

10.2 Stadium 2

Zeitreisend – Verlust der kognitiven Fähigkeiten

L. Berchtold

*„Schau so lange und liebevoll hin, bis es
liebevoll zurückschaut."*
Verbalzitat: Norbert Schnetzer[34]

10.2.1 Die zeitreisende Person mit Verlust der kognitiven Fähigkeiten

Diese Personen sind im eigentlichen Sinn desorientiert. Sie verlieren das Zeitgefühl, die Vergangenheit wird Gegenwart. Sie irren oft ziellos umher und haben kein natürliches Distanzbedürfnis mehr. Deshalb sind sie bereit, jeden freundlichen Menschen in ihre Welt aufzunehmen. Personen der Gegenwart stehen für Personen aus der Vergangenheit. Die Krankenschwester wird zur Tochter, der Enkel zum früheren Vorgesetzten. Sie glauben oft, dass ihre Eltern noch leben oder möchten nach Hause, um für ihre Kinder, die gerade von der Schule kommen, zu kochen. Gegenstände können zu Symbolen für Empfindungen werden (Handtasche – Identität, Kissen – Zärtlichkeit).

In der direkten Begegnung mit Menschen in Stadium 2 ist meist der Zugang über die Gefühlsebene gut möglich. „Mit einem Schritt ist man in ihrem Leben." Berührung und non-verbale Kommunikation spielen eine immer größere Rolle.

Ein Mensch in Stadium 2

» Verlust der kognitiven Fähigkeiten
» Schulter und Kopf fallen nach vorne
» eher schlaffe Muskulatur, locker schlurfende Schritte
» teilweise inkontinent
» zieht sich in die Vergangenheit zurück, glaubt, dass die Eltern noch leben
» Vergangenheit wird Gegenwart
» möchte in sein früheres Zuhause, Suche nach der Mutter, Kindern …
» verwechselt Personen der Vergangenheit mit Menschen aus der Gegenwart
» Verlust des Kurzzeitgedächtnisses, gutes Gedächtnis für lang Zurückliegendes
» erinnert sich gut an Ereignisse mit hohem emotionalen Inhalt

- » hat lebhafte Bilder aus der Vergangenheit, hört Stimmen und Töne aus dieser Zeit
- » hört und sieht eingeschränkt, dadurch verschwimmt das logische Denkvermögen
- » verliert die Fähigkeit zu lesen und zu schreiben
- » Atmung verlangsamt
- » der Blick schweift ab, nicht zielgerichtet
- » eingeschränkte Konzentrationsfähigkeit
- » drückt Gefühle aus, sagt, was er denkt
- » hält Regeln nicht ein
- » weiß Tages- und Jahreszeit nicht
- » beschwert sich, kein Essen zu bekommen
- » besitzt Intuition, spürt Aufrichtigkeit/Unaufrichtigkeit
- » spricht leise, undeutlich
- » Verlust der sozialen Kontrolle.

Zu vermeiden ist

- » ihn zu verbessern,
- » ihn mit der Wahrheit zu orientieren (je nach Verfassung),
- » Zwangsmittel anzuwenden oder über ihn zu bestimmen,
- » ihn zu isolieren,
- » nicht zu kommunizieren,
- » zu beschwichtigen,
- » und zu schnell zu sein.

Wir sollten Fragen stellen, statt zu lügen und dürfen *unsere* Realität nicht über *seine* momentane Wahrheit stellen.

10.2.2 Dem Fortschreiten einer Desorientiertheit vorbeugen

Folgende Maßnahmen können dem Dementierenden mehr Orientierung geben:

» Zeitstrukturen schaffen (Tag, Woche, Jahr mit Ritualen)
» Regelmäßige Tagesplanung
» Förderung der Selbsthilfe
» Erfolgserlebnisse ermöglichen
» Restfähigkeiten nutzen (nicht überfordern)
» Tätigkeiten aus früheren sozialen Rollen geben (kritisch zu betrachten)
» Heben von Status und Prestige.

Oft werden Pflegeprobleme als Ressourcen genutzt.

Die Voraussetzungen für eine gute Kommunikation im Stadium 2 sind

» Verbalisieren emotionaler Eindrücke,
» Paraphrasieren (Gesagtes sinngemäß wiederholen),
» Echtheit,
» Wertschätzung und Einfühlungsvermögen.

10.2.3 Validationstechniken in Stadium 2

» In Verbindung sein
» Freimachen von inneren Spannungen
» Zentrieren
» Ehrlichen, engen Augenkontakt halten
» Aktiv zuhören
» Grundregeln für das validierende Gespräch beachten
» Sprache
» Mehrdeutigkeit (Ambiguity)

- » Fragen oder still dasein
- » Zusammenfassen und Wiederholen
- » Extreme einsetzen (Polarity)
- » Kalibrieren
- » Berühren.

10.3 Stadium 3

Wiederholende Bewegungen – Sie ersetzen die Sprache

L. Berchtold

>,,Das Auge sieht, das Ohr hört, die Nase
> riecht, die Haut fühlt, die Finger tasten,
> der Fuß (ver)steht, die Hand (be)greift,
> das Gehirn denkt, die Lunge atmet,
> das Blut pulsiert, der Körper schwingt.*

*Die Wahrnehmung der Gesetze der
eigenen Natur befähigt den Menschen,
in den Erscheinungen der äußeren
Natur die gleiche Gesetzlichkeit
wahrzunehmen als auch
zu wahren."*
Hugo Kükelhaus[35]

10.3.1 Wiederholende Bewegungen ersetzen die Sprache

Menschen, deren Bedürfnisse nicht wahrgenommen werden, ziehen sich auf vorsprachliche Bewegungen und Klänge, die die Worte ersetzen, zurück. Sie geben damit unbewältigten Themen aus der Vergangenheit einen neuen Raum. Ihre Bewältigungsstrategie ist der Rückzug in sich selbst.

Lebenslang *eingesperrte* Gefühle wie Scham und Schuld sowie sexuelle Bedürfnisse kommen ans Tageslicht. Die Sprache des Menschen wird unverständlich und über die Zunge, Lippen oder Zähne versucht er Klänge zu erzeugen, die dem sinnlichen Vergnügen dienen.

„Wenn die logische, erlernte Sprache schwindet, kehrt die Person zu ‚primären Sprachmustern' zurück." (Feil 2005, S. 37)

Es wird vermutet, dass ein *nicht gelebtes* Leben sein Recht einfordert.

Ein Mensch in Stadium 3

» hat wenig Selbstdisziplin,
» weist einen Ich-Identitätsverlust auf und weiß nicht, wo er ist,
» vollführt ständig eine Bewegung, die der Konfliktverarbeitung dient,
» bewegt sich rhythmisch hin und her, geht ständig auf und ab, klopft und ruft zum Beispiel „Hallo!",

- » Reaktionen stehen immer im Zusammenhang mit der Vergangenheit,
- » singt, schlägt und beißt und wiederholt diese Aktionen unaufhörlich,
- » spricht in Silben, unverständlich, summt, stammelt oder schmatzt,
- » zeigt erschwerte Wort- und Satzbildungen,
- » hat ein schwindendes Denkvermögen,
- » kann nicht mehr richtig gehen, sehen oder hören,
- » leidet an permanenter Inkontinenz,
- » weiß nicht, wer die anderen sind, hört und spricht nicht mehr mit ihnen,
- » starrt vor sich hin oder sitzt mit geschlossenen Augen da,
- » Kann sich nicht an Personen, Dinge oder das was vor kurzem geschehen ist erinnern
- » reagiert manchmal auf Personen oder Dinge der Vergangenheit,
- » drückt grundlegende menschliche Bedürfnisse durch Bewegung aus,
- » vergegenwärtigt Menschen oder Tätigkeiten aus der Vergangenheit durch Symbole,
- » hat keine soziale Kontrolle und
- » kann nicht mehr schreiben.

Um mit Menschen in Stadium 3 zu kommunizieren, müssen Pflegende *in ihre Welt eintreten* und sie so berühren, wie sie von einer geliebten Person berührt worden sind. Sie reagieren auf Berührung oder Blickkontakt erst nach Stimulanz durch jemand anderen. Hier gilt es, sehr nahe an die Person heranzugehen, auf allen Sinneskanälen zu stimulieren und vor allem Musik als Kommunikationsmittel einzusetzen.

10.3.2 Direkter Kontakt

Der direkte Kontakt zwischen Dementierenden muss unbedingt erhalten und gefördert werden.

Demenzveränderte Menschen unterhalten sich manchmal mit großer Freude und verstehen sich dabei besser auf der Gefühlsebene als auf der Inhaltsebene. Dies weist darauf hin, dass die Kommunikation zwischen ihnen überwiegend nonverbal verläuft. Wenn sich Menschen ähnlich sind, verläuft die Verständigung unkomplizierter, sie wird als angenehm erlebt und bestätigt die Gesprächspartner in ihren Eigenarten. Das ist auch eine Erklärung dafür, warum Dementierende am Esstisch oft lebhafte Gespräche führen, wenn die Betreuer weg sind. Kehren diese zurück, verändert sich die Situation sofort. Vor allem beenden leichtgradig Dementierende das Gespräch mit Dementen späterer Stadien, weil sie nicht vom Personal ausgelacht werden wollen. Man weiß auch, dass Dementierende mehr Nahrung zu sich nehmen, ihre Tischsitten besser erhalten und zufriedener sind, wenn sie mit anderen demenzkranken Menschen gemeinsam essen und sprechen können.

Wir wissen, dass das Verhalten von Menschen im sozialen Umfeld der Dementierenden durch ihren Gesichtsausdruck oder ihre Stimmlage Emotionen hervorrufen kann: Die dementierenden Menschen merken, ob wir ihnen rein formal begegnen und nur so tun, als ob sie unsere Aufmerksamkeit, Zuwendung und Wertschätzung haben oder eben nicht. Sie besitzen Intuition und verfügen über eine große Sensibilität für Atmosphäre und Stimmungen.

Verlust der Identität

Der Identitätsverlust ist für Menschen ein großes psychisches Problem. Sie verlieren damit ihre Gruppenzugehörigkeiten – zur Familie, zur Dorfgemeinschaft, zu Kollegen und Freunden. Sie identifizieren sich nicht mehr mit diesen Gruppen und sind physisch und psychisch isoliert. Die wichtigsten Identitätswerte verschwinden.

Als gesunde Menschen leben wir in verschiedenen Rollen (Eltern, Kind, Kollegin, Mitarbeiterin, Kundin, Patientin ...). Mit jeder Rolle sind konkrete Erwartungen an das Verhalten der Person gebunden, die sie kennt und zu erfüllen versucht.

Menschen mit Identitätsverlust können die verschiedenen persönlichen Rollen nicht mehr gleichzeitig erkennen und auseinanderhalten.

Sie orientieren sich vor allem am Gefühl.

Beispiel: Wenn sie sich nicht geliebt und geborgen fühlen, suchen sie die Mutter.

Sie lassen sich nicht an der Realität der Gegenwart orientieren (die zum Beispiel darin besteht, dass die Mutter schon gestorben ist). Sie brauchen eine Person, die ihr psychosoziales Grundbedürfnis, *geliebt und anerkannt zu sein,* befriedigt.

Wenn sie sich durch Menschen in ihrer Umgebung überfordert fühlen, kann es passieren, dass sie selbst mit ihren nahen Angehörigen, die sie nicht mehr erkennen, in einem sehr unpersönlichen Ton sprechen: „Was machen Sie in meinem Zimmer, verlassen Sie sofort diesen Raum!" Hilfreich für diese Menschen ist der Aufbau einer vertrauensvollen, fürsorglichen Interaktion. Sie spüren, ob ihnen jemand gutgesinnt ist oder nicht.

Die nonverbale Symbol- und Körpersprache wie auch die Begegnung auf der Gefühlsebene sind hier besonders gefragt. (Vgl. Scharb 1996)

10.3.3 Validationstechniken in Stadium 3

» in Verbindung sein
» Freimachen von inneren Spannungen
» Zentrieren
» Grundregeln für die validierende Begegnung einhalten

- » Kalibrieren
- » Ehrlichen, engen Blickkontakt halten
- » Sprache
- » Mehrdeutigkeit (Ambiguity)
- » Still da sein
- » Berühren
- » Spiegeln/überkreuztes Spiegeln
- » Musik/Reime, Gebete
- » Demenzpuppen
- » Basale Stimulation/Snoezelen.

10.3.4 Symbolsprache

Erich Fromm[36] sagte: *„Ich halte die Symbolsprache für die einzige Fremdsprache, die jeder von uns lernen sollte. Wenn wir sie verstehen, kommen wir mit den Quellen der Weisheit in Berührung. Sie verhilft uns, andere in ihrer Symbolik zu verstehen, weil sie nach Inhalt und Stil überall ähnlich ist."*

Feil hat immer die Wichtigkeit der Symbolsprache betont. Während ihrer langjährigen Tätigkeit, verwies sie aber auch darauf, dass die Deutung der Symbole nur vor dem Hintergrund der persönlichen Lebensgeschichte stehen sollte. Die *individuelle* Gefühlsbedeutung von Handtasche, Hut, Zigarre, Geldbörse und anderen persönlichen Gegenständen sollte ein Validationsanwender erkennen und gezielt einsetzen.

Symbole sind Sinnbilder und als Bedeutungsträger mehr als nur Zeichen. Ein Zeichen hat eine bestimmte Bedeutung (Beistrich, Zahl und Ähnliches). Ein Symbol dagegen steht stellvertretend für etwas anderes, das man aus der Lebensgeschichte kennt (ein Teddybär, ein Hut und anderes).

10.3.5 Validationsgespräch in Stadium 3

Fallbeispiel: Frau Maria, die Nervensäge

Frau Maria ist 88 Jahre alt. Sie lebte bis zu ihrer Einweisung in das Pflegeheim allein in ihrer Wohnung. Gelegentlich kümmerte sich die uneheliche Tochter um sie, einen echten und innigen Kontakt gab es zwischen den beiden Frauen allerdings nie. Als Frau Maria zweimal vergaß, die Herdplatte abzudrehen und sie die Toilette im Treppenhaus nicht mehr rechtzeitig erreichte, musste sie in das Pflegeheim. Die Tochter besucht sie nur selten; mit ihren 68 Jahren ist sie selbst bereits kränklich und nach einer Hüftoperation gehbehindert. Frau Maria vermisst ihre vertraute Umgebung. Sie kann sich in dem modernen Heim nicht mehr zurechtfinden und wird bereits nach wenigen Wochen zur Nervensäge für das Pflegepersonal. In einem unergründlichen Rhythmus klatscht sie in die Hände oder klopft mit den Handknöcheln, bis diese bluten, auf die Armlehne ihres Holzsessels. Manchmal entschlüpfen ihr auch unerklärliche Worte. Eine junge Lehrschwester nimmt sich der alten Frau an. Sie setzt sich genau ihr gegenüber, ihre Knie berühren sich fast. Sie versucht, das Geklatsche und Geklopfe zu spiegeln. Es gelingt erst beim dritten oder vierten Mal. Dann kommt sie in denselben Rhythmus wie Frau Maria, hat die gleiche angespannte Haltung und den starren, gesenkten Kopf. In diesem Augenblick hält die Patientin für Bruchteile von Sekunden inne und hebt ihre Augen in Richtung der Lehrschwester. Die junge Frau nimmt rasch die verkrampften, alten Hände in ihre, kommt näher und summt ein leises Kinderlied: „Still, still, weil's Kindlein schlafen will. Still, still …". Sie singt und summt abwechselnd und wiegt die mittlerweile ganz an sie gekuschelte Maria hin und her. Dieser Vorgang dauert nur wenige Minuten. Über das Gesicht der alten Frau fließen Tränen. Den restlichen halben Tag ist Frau Maria erstaunlich ruhig, auch in der Nacht gibt es keine besonderen Vorkommnisse. Erst am nächsten Morgen beginnt sie wieder mit ihrem Konzert. (Vgl. Scharb 1996)

Berührungen

Für Menschen, die sich völlig aus unserer Welt zurückgezogen haben, sind Berührungen die einzige Möglichkeit, Anteil am Leben zu haben. Berührung kann tröstend, anregend und beruhigend wirken, sie gibt Halt und macht Körpergrenzen spürbar. Sie hilft, Veränderungen wie Wärme oder Kälte noch wahrzunehmen und leitet Prozesse der Auseinandersetzung mit diesen ein. Berührung wirkt aber auch immer stimulierend für Körper, Seele und Geist. Bevor das Leben *auseinanderbricht*, wollen alte Menschen noch einmal Verständnis, Wertschätzung und Berührung erleben.

Fallbeispiel: Herr Hager arbeitet

Als ich Herrn Hager kennenlernte, sprach er seit fast einem Jahr nicht mehr. Die Pflegepersonen berichteten, dass er stundenlang am Tisch sitze und mit der Faust auf die Tischplatte klopfe. Da er von Beruf Schuster war, vermuteten die Pflegekräfte, dass er sich gedanklich bei seiner Arbeit, in der Schusterwerkstatt, befinde. Um Herrn Hager zu spiegeln, setzte ich mich neben ihn, brachte mich in die gleiche Körperhaltung, versuchte meine Atmung seinem Atemtempo anzupassen und begann im gleichen Rhythmus zu klopfen.

Beim Spiegeln ist wichtig, sich auf den Betroffenen ganz einzulassen. Nur so ist es möglich, mit dem Menschen in Dialog zu treten. Durch das Spiegeln erlebt man, wie sich die eigene Gefühlswelt verändert. Als ich das Gefühl hatte, mit Herrn Hager im Einklang zu sein, fragte ich, ohne dabei das Klopfen aufzugeben:

„Josef, hast du heute wieder viel Arbeit?"

Herr Hager drehte langsam seinen Kopf in meine Richtung, nahm Augenkontakt mit mir auf, hörte auf zu klopfen und antwortete: „Jo, aber i hob jetzt ka Zeit." Anschließend nahm er seine Arbeit wieder auf.
(Vgl. Hosp 2006 S 64)

Arbeit Spiegeln

Für Außenstehende mag diese kurze Kontaktaufnahme nicht von besonderer Bedeutung sein, für uns Validationsanwender ist sie ein großer Erfolg. Es ist mir gelungen, mit dem Betroffenen in Beziehung zu treten. Durch den Dialog können wir dem Menschen vermitteln, dass jemand für ihn da ist, der seine Gefühle anerkennt und respektiert. Ein weiterer Rückzug nach innen kann dadurch eventuell verhindert oder zumindest verlangsamt werden.

10.4 Stadium 4

Verlorenes Ich – Totaler Rückzug nach innen

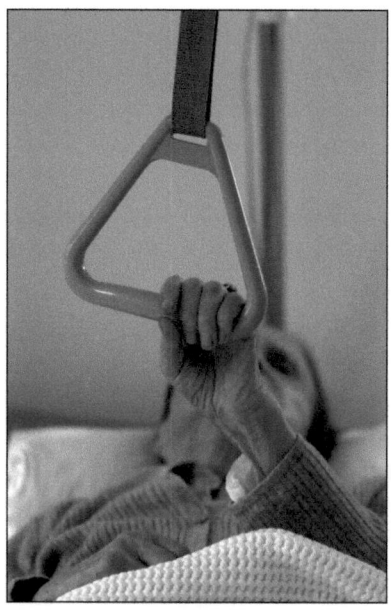

L. Berchtold

*„Verlorenes Ich oder Vegetieren ist sich
aufgeben, eigene Gefühle unzugänglich
machen, sich gehen lassen."*
Unbekannt[37]

10.4.1 Verlorenes Ich – Totaler Rückzug nach innen

Laut Feil verschließt sich hier der alte Mensch völlig der Außenwelt. Er gibt das Streben, sein Leben zu verarbeiten, auf. Der eigene Antrieb ist nur noch auf das Nötigste reduziert: Es bleibt gerade noch so viel übrig, um zu überleben. Aufgrund ihrer Erfahrungen ist Feil der Ansicht, dass das Abgleiten in das Verlorene Ich durch Validation in früheren Stadien vermieden werden kann und auch Menschen in Phase 4 noch positiv auf Validation reagieren. (Vgl. Feil 2005, S. 75) In diesem Stadium geht der alte Mensch in einen extremen Zustand des Rückzugs. Die Personen halten die Augen meist geschlossen und können kaum noch sprechen. Sie geben den Pflegenden nur sehr subtile, im Wesentlichen körpersprachliche Informationen über die aktuelle körperliche und gefühlsmäßige Befindlichkeit, zeigen also nur sehr selten Reaktionen auf die Außenwelt. Trotzdem nehmen wir an, dass sie Geschehnisse ihrer Umgebung wahrnehmen. Daher Vorsicht mit unethischen Äußerungen über sie! Hier kommen die Methoden der nonverbalen Validation (zum Beispiel Basale Stimulation) zum Einsatz. Eine liebevolle Berührung oder eine aufmerksame Zuwendung vermag verblüffende Reaktionen auszulösen. Ein kommunikativer Zugang ist in diesem Stadium nur sehr schwer und eingeschränkt möglich. Menschen, die sich im Stadium des Verlorenen Ichs befinden, brauchen viel Zuwendung durch Berührung, Anerkennung und Fürsorge.

Ein Mensch in Stadium 4

» zeigt langsame, unbestimmte Bewegungen,
» murmelt sehr schwach, gibt sehr selten einen einzigen Klang von sich,
» schläft, geschlossene Augen, leerer Blick,
» weist eine ausdruckslose Mimik auf,
» hat kein erkennbares Körperbewusstsein, meist embryonale Körperhaltung,
» zeigt kaum Gefühle und
» initiiert keinerlei Aktivitäten.

> *„Auch wer nicht mehr sprechen kann,*
> *hat noch viel zu sagen.“*
> Ole Lünnemann[38]

Deshalb haben alternative Kommunikationsformen hier einen hohen Stellenwert.

Den kognitiven Abbau können wir nicht aufhalten, aber die Art und Weise, wie wir mit Demenzpatienten kommunizieren, können wir beeinflussen.

> *„Die Erinnerung ist das einzige Paradies, aus dem*
> *wir nicht vertrieben werden können.“*
> Jean Paul [39]

(Jean Paul kannte keine Alzheimer-Krankheit, als er „Die unsichtbare Loge" schrieb.)

Erinnern ist also für das Selbstwertgefühl und die Identität von größter Bedeutung. Geschichten, Bilder, Fotos, Alltagsgegenstände, vertraute Dinge, Düfte, Lieder, Musikstücke und dergleichen sind Brücken zwischen dem bedrohten gegenwärtigen *Ich* und dem lebensgeschichtlichen *Ich* der Dementierenden. Für alle wahrnehmungs- und kommunikationsbeeinträchtigten Menschen sind nonverbale Kommunikationsformen von allergrößter Bedeutung. Die nonverbale Kommunikation wird in diesem Stadium zur wichtigsten, meist zur einzigen Form der Verständigung. Dementierende können oft nonverbal genauso gut kommunizieren wie kognitiv leistungsfähige Personen. Sie sind für emotionale Untertöne besonders empfänglich und reagieren entsprechend.

10.4.2 Bedeutung der Körpersprache

Für uns Menschen gibt es zwei Kommunikationsebenen: Eine verbale, auf der der Inhalt einer Information durch die Worte vermittelt wird, sowie eine nonverbale, durch die Sprache des Körpers geprägte Ebene. Die Körpersprache ist für den Aufbau einer Beziehung entscheidend. Körpersprache, Körpersignale drücken sich aus über Mimik, Blicke, Gesten und Körperbewegungen, Stimmqualität, nichtsprachliche Laute, Körperhaltung, Körperkontakt, räumliches Verhalten, Kleidung, Schmuck, Körperbau und andere Aspekte der äußeren Erscheinung.

Unser Körper reagiert immer spontan und ehrlich, er kann nicht heucheln, wie das unsere Worte tun. Die Körpersprache dominiert über die Sprache der Worte. Wir sagen ja auch: „Ein Blick, eine Geste sagen mehr als tausend Worte." Körpersignale sind uns oftmals nicht bewusst, werden aber von den anderen wahrgenommen.

> *„Der Körper ist der Handschuh der Seele,*
> *seine Sprache das Wort des Herzens."*
> Sammy Molcho[40]

Durch den Körper wird zum Ausdruck gebracht, was den inneren Wünschen entspricht oder ob und wie er auf einen äußeren Reiz reagiert.

In späten Stadien der Demenz kommt es zu einem zunehmenden Verlust der verbalen Sprache. Dementierende können sich durch die Körpersprache länger ausdrücken und länger verständigen als durch die gesprochene Sprache. Viele haben es in ihrer Arbeit schon erlebt, dass ihnen Leute vorgestellt werden, die angeblich nicht mehr sprechen. Wenn wir in einer validierenden Haltung unter Einbeziehung der Körpersprache auf diese Menschen zugehen, fangen sie, zum Erstaunen aller, oft an zu sprechen.

Auch wenn die Sprache der Worte verloren geht, haben die dementierenden Menschen uns noch viel mitzuteilen. Erinnern weckt Gefühle von Vertrautheit, Sicherheit und Geborgenheit. Es gibt also Erinnerungen sensorischer Art, das heißt, der Körper und die Sinne erinnern sich, wenn sie gezielt angeregt werden.

10.4.3 Validation als Form der Lebensbahnvollendung

Validation ist eine Form der positiven Sterbebegleitung, die auch als „Lebensbahnvollendung" bezeichnet werden kann.

Lebensbahnvollendung, E. Feurstein

Wenn Menschen im Stadium des Verlorenen Ichs sich selbst verlieren, ist es gut für sie, wenn ihre Betreuer sich für ihre *positive* Biografie interessieren. Diese Betreuer werden auch dann, wenn alle annehmen, dass keine Resonanz zum Umfeld da ist, dem Betreuten Inhaltliches aus dessen positiven Lebenserinnerungen anbieten. Oft kommt es so zu unvorhersehbaren Reaktionen, die den gelungenen Zugang zur inneren Erlebniswelt des Betreuten aufzeigen.

Fallbeispiel:

Emma liegt im Sozialzentrum und schreit lauthals. Mitarbeiter, Bewohner und deren Angehörige bitten den Heimleiter, etwas gegen dieses grelle Geschrei zu unternehmen. Es sei eine Zumutung für alle, auch für die Schreierin. Der Arzt kommt und verschreibt ein Medikament. Emma schreit immer noch, nur hat sie ihre Stimme verloren, sie wimmert im Bett liegend vor sich hin.

Pflegetätigkeiten sind bei ihr sehr belastend, weil man ihrem traurigen Wimmern hilflos ausgeliefert ist.

In der positiven Biografiearbeit haben wir erfahren, dass Emma ihr Leben lang auf einem Pferdegestüt angestellt war. Ihre ganze Liebe galt den Pferden. Die Herrschaften des Gestüts lobten Emma sehr, weil sie so gut auf die Pferde achtete und viel über die Pferde wusste. 65 Jahre war Emma in einer kleinen Wohnung, gleich neben dem Stall, zu Hause.

Als die Seniorherrschaften gestorben waren, beabsichtigten die Nachkommen, das Gestüt zu verkaufen. Mit Emma, die nicht aus der Wohnung wollte, ließ sich das Haus nur zu einem schlechten Preis anbieten. Emma bekam Angst, dass sie ausquartiert werden könnte, deshalb verhielt sie sich abwehrend und bösartig gegenüber den jungen Herrschaften. Als sie dann krank wurde und in ein Krankenhaus kam, zog sie sich vollständig zurück, öffnete die Augen nicht wieder und begann zu schreien. Darum wurde sie in das Sozialzentrum gebracht.

Stell dir vor: 65 Jahre lebte sie in einem Holzzimmer neben dem Pferdestall und jetzt lebt sie im Krankenhaus und im Sozialzentrum, wo die Wände, die Decke, die Bettwäsche, sogar die Personalkleidung weiß sind und alles nach Desinfektionsmittel riecht. Da bekommt das Schreien plötzlich Sinn!

Die Lösung

Emma bekam ein nach Pferdestall riechendes Kopfkissen, das jeden Tag neu mit ihrem Lieblingsduft versehen wurde.

Sie wimmerte innerhalb einer Stunde nicht mehr und die Medikamente konnten abgesetzt werden.

Mit dem Geruch nach Pferd wurde das Heimatgefühl von Emma aktiviert. Lebensabrundung oder Lebensbahnvollendung mit einem Thema, das die Seele positiv berührt, hat sich bewährt.

Berührung als nonverbale Kommunikation

Wir alle wissen, wie wichtig Berührungen für den Menschen ein Leben lang sind. Die Sprache der Berührung ist die erste Sprache, die Menschen lernen. Über die Berührung macht der Mensch seine ersten Erfahrungen und nimmt Verbindung mit der Umwelt auf. Auf dieser Ebene sind auch dementierende Menschen gut zu erreichen.

Fallbeispiel:

Konrad lag seit Monaten mit geschlossenen Augen, in embryonaler Haltung und mit Kontrakturen (Bewegungs- und Funktionseinschränkung durch verkürzte Muskeln, Sehen und Bänder) von Kopf bis Fuß, in seinem Pflegebett. Er reagierte auf fast keinen Außenreiz, nur manchmal sah eine Pflegerin, dass eine Träne über seine Wange lief. In einem Gespräch erzählte eine Besucherin, dass Konrad ein leidenschaftlicher Jäger und sehr stolz auf seine Hirschgeweihsammlung in seiner Jägerstube war. Das war der Anlass, sich von der Schwägerin ein Geweih aus Kon-

rads Sammlung bringen zu lassen. *Konrad hatte seine Hände mit Kontrakturen zu einer Faust geballt, die sich fast nicht öffnen ließ. Mit viel Feingefühl und Massagen wurde die eine Hand leicht geöffnet, das Geweih hineingelegt und ganz langsam durch seine Hand gezogen. Plötzlich öffnete Konrad seine Augen und sagte: „Ein Zehnender!" Er schloss die Augen abermals und alles war wie vorher. Er hatte sein Geweih wiedererkannt. Das Ganze dauerte zwei bis drei Sekunden lang. Mehrere Versuche, dasselbe Ergebnis zu erzielen, waren erfolglos. Konrad starb circa zehn Tage nach diesem Ereignis.*

Ist das ein Zufall oder handelt es sich um eine Form der Lebensbahnvollendung? Wer weiß es mit Sicherheit? Ist es wichtig?

Es hat sich für ihn noch einmal gelohnt, seine Augen zu öffnen und seine Stimme zu erheben, um dann in Frieden zu sterben.

10.4.4 Validationstechniken in Stadium 4

Durch gute sensorische Stimulation wird bei den sehr alten Menschen in Stadium 3 und 4 das Grundbedürfnis nach Geborgenheit und Sicherheit befriedigt.

» In Verbindung sein
» Freimachen von inneren Spannungen
» Zentrieren
» Still da sein
» Berühren
» Musik, Reime, Gebete
» Demenzpuppen
» Basale Stimulation/Snoezelen.

10.4.5 Kommunizieren bei schwerer Demenz

Warst du nicht schon öfter enttäuscht oder verärgert, weil die Gespräche mit dem von dir betreuten Dementierenden unbefriedigend verliefen? Die folgenden Hinweise erläutern, wie du selbst dazu beitragen kannst, besser mit Dementierenden zu kommunizieren.

Nicht mit dem Kranken verstummen

Es gibt das Phänomen, dass sich Patient und Betreuer im Laufe der Zeit mimisch, gestisch und zum Teil auch sprachlich immer ähnlicher werden. *So lassen stumme Kranke oft auch ihren Betreuer verstummen.* Achte darauf, ob es dir ähnlich geht und ob du dir und dem Kranken damit letztlich einen Gefallen erweist!

Sich zeigen

Nähere dich dem Kranken immer von vorne! Tritt möglichst früh in sein Blickfeld und begib dich auf seine Augenhöhe! Rede erst, wenn der Patient dich erblickt hat! Halte auch während des Gesprächs Augenkontakt und fordere ihn notfalls dazu auf, dich anzusehen! Wer den Dementierenden mit dem Blick verlässt, verlässt ihn mitunter komplett.

Dolmetscher einsetzen

Greife bei Bedarf auf *Übersetzer* zurück, also auf denjenigen Familienangehörigen, von dem sich der Dementierende am ehesten verstanden fühlt! Manchmal ist es hilfreich, im Dialekt zu sprechen.

Mit Gesten sprechen

In ihren Gesten nutzen Betreuer Erfahrungen, die viele demente Menschen in ihrer Kindheit mit Stummfilmen gemacht haben. Außerdem laden sie zur Nachahmung ein und/oder fördern den Wunsch, mitzumachen.

Handlungen vormachen

Manche Dementierende sind nicht mehr in der Lage, auf Aufforderungen in sprachlicher Form angemessen zu reagieren. Einige von ihnen können aber noch sehr gut selbst komplizierte Bewegungen nachahmen. Scheu dich also nicht, das gewünschte Verhalten (Essen, Waschen und Ähnliches) beispielhaft vorzumachen!

Körpersprache und Körperkontakt einsetzen

Nimm eine entspannte Körperhaltung ein. Vermeide Starrheit, Stirnrunzeln und abrupte Bewegungen. Unterstütze deine Worte durch einfache Gesten. Achte darauf, dass deine Mimik erkennbar ist und setze diese bewusst ein. Vereinfache deine Sprechweise, wenn die sprachliche Verständigung schwieriger wird. Oft sind Blicke, Gesten und Berührungen besser, als viele Worte, dazu geeignet, ein Gefühl der Nähe und Verbundenheit zu vermitteln. Mache notwendige Handlungen pantomimisch vor und gib körperliche Hinweisreize! Das Gefühl eines Menschen von sich selbst beruht im Wesentlichen auf dem Körper sowie auf leiblichen Gefühlen und Funktionen. Körperkontakt und Lächeln verbinden schon das Neugeborene sprachlos mit der Umwelt. Auf dieser *Frequenz* ist auch der Dementierende noch zu erreichen.

Körperlich kommunizieren und taktvoll berühren

Auf Berührungen reagieren demente Personen ähnlich sensibel wie blinde Menschen. Wie sehr Berührung Sicherheit vermittelt, weiß jeder, der sich im Dunkeln setzen will und vorher mit der Hand die Sitzfläche ertastet hat. In der körperlichen Interaktion erlebt der Dementierende außerdem, dass er bei anderen Reaktionen auslösen kann. Diese *Wirkungen* vermitteln ihm ein beruhigendes Gefühl von *Wirklichkeit* und Eingebunden-Sein in dieser Welt. Aber nicht jeder will immer und überall angefasst werden. Auch für Demente gibt es individuell sich unterscheidende *offizielle* und *inoffizielle* Körperzonen. Wer Demente berührt, sollte den Körperkontakt mit einem klaren Anfang und Ende versehen, ansonsten ist die Handlung nicht eindeutig und bewirkt eher Nervosität. Berührungen mit der Handfläche signalisieren: „Ich will was von Dir." Berührungen mit der Handrückseite deuten an: „Ich bin hier. Wo bist Du? Ich möchte Kontakt." (Vgl. Mück 2012)

WEITERE METHODEN DER BEGLEITUNG

L. Berchtold

„Altern ist ein hochinteressanter Vorgang:
Man denkt und denkt und denkt und
plötzlich kann man sich an
nichts mehr erinnern."
Ephraim Kishon[41]

11.1 Realitätsorientierungstraining (ROT)

Diese Methode gründet auf der Überzeugung, dass desorientierten Personen durch Konfrontation mit der täglichen Realität geholfen werden kann. Es werden hierbei Uhr und Kalender verwendet, Lesen und Schreiben werden forciert. Mangelhaft orientierte Personen können von dieser Methode profitieren. Personen aus anderen Stadien können zornig oder traurig werden, einfach die Interaktion von sich aus abbrechen oder eine ablehnende Haltung einnehmen.

11.1.1 ROT-Gruppensitzungen

Realitätsorientierungstraining wird durch täglich stattfindende Gruppensitzungen für die dementen Heimbewohner unter der Leitung von ein bis zwei Mitarbeitern der Institution abgehalten. Das Gruppenangebot soll dabei jeden Tag in den gleichen Räumlichkeiten und zur selben Tageszeit stattfinden und maximal 60 Minuten dauern. Auch die Zusammensetzung der einzelnen Gruppen sollte nicht variieren. Die empfohlene Teilnehmerzahl beträgt drei bis sechs Personen, wobei die Gruppenzusammensetzung in Bezug auf den Schweregrad der Demenz möglichst homogen sein soll. In den Gruppensitzungen werden den Teilnehmern Informationen zur Orientierung, beispielsweise zu Personen, Zeit, Ort und Alltagstätigkeiten vermittelt. Dies soll auf eine möglichst abwechslungsreiche Art und Weise geschehen, zum Beispiel in Form von Gesprächsrunden, Gedächtnisspielen, Spaziergängen und alltagsnahen Aktivitäten wie gemeinsamem Einkaufen und Kochen.

Ziel ist es hier, die Teilnahme des dementen Menschen an seiner Umwelt und an der Realität zu fördern. Besonders durch die Verschaffung von Erfolgserlebnissen und die Förderung der sozialen Kontakte und der Kommunikation sollen der soziale Rückzug der dementen Menschen verhindert, ihre kognitive Leistungskraft erhalten und ihr Wohlbefinden insgesamt gesteigert werden.

In der praktischen Arbeit wird das ROT in seiner ursprünglichen Form nicht mehr angewandt, da sich zeigte, dass der korrigierende Ansatz des Konzepts eine Belastung für den Dementierenden darstellt und nur wenig erfolgversprechend ist. Das Konzept wurde dahingehend weiterentwickelt, dass von dem korrigierenden Ansatz Abstand genommen wurde und die Schwerpunkte heute auf den externen Orientierungshilfen, der Wohnraumgestaltung und der Tagesstrukturierung liegen, die sich auch in anderen Betreuungskonzepten für demente Menschen finden.

11.2 Türöffnungskonzept

Ziel in der personenzentrierten Pflege ist es, einem Menschen mit Demenz das Gefühl zu vermitteln, *Person* zu sein und als solche behandelt zu werden. Nicht die gestörte Funktion, sondern der Erhalt des *Person-Seins* steht im Mittelpunkt. In der personenzentrierten Pflege geht es deshalb darum, die Person des Menschen mit Demenz *zum Klingen* zu bringen (zum Beispiel durch eine Vielzahl von Maßnahmen wie Validation, Snoezelen, Basale Stimulation, Umgang mit Tieren, Feste Feiern, Humor und anderem). (Vgl. Maciejewski 2012)

11.2.1 Handlungsempfehlungen des Türöffnungskonzeptes

Lerne die Persönlichkeit des Klienten kennen

Eine Mindestvoraussetzung, um Menschen mit Demenz und psychischen Veränderungen angemessen begleiten und fördern zu können, ist die Persönlichkeit dieser Menschen, ihre Lebensgeschichte, ihre Vorlieben, Abneigungen und Bedürfnisse kennenzulernen und dadurch ihr Verhalten besser interpretieren und darauf reagieren zu können. Das Problem ist aber, dass sich schon der Kontaktaufbau zu einem Menschen mit Demenz, der sich unter Umständen sehr stark zurückzieht und auf Angebote seitens der Mitarbeiter oder auch der Angehörigen nicht mehr reagieren kann, als schwierig darstellt.

Stelle Kontakt zum
Klienten her

Die Kontaktaufnahme, das Halten und Beenden eines Kontaktes mit einem Menschen, der innerlich verändert erscheint, ist oft sehr schwierig und kann psychisch sehr belastend sein, vor allem für Angehörige, die nicht mehr als solche erkannt werden.

Um Kontakt herzustellen, ihn zu halten und ihn auch wieder zu beenden, kann für Angehörige und für Mitarbeiter in Pflegeinstitutionen der „Diana-Effekt" eine hilfreiche Anregung sein:

In den Biografien über Lady Diana war zu lesen, dass sie im Rahmen ihrer Schulausbildung einen Kurs besucht hat, in dem es um die Kontaktaufnahme mit Menschen mit Behinderung ging:

Der Diana-Effekt

» Stelle Augenkontakt her. Gehe dazu unter Umständen in die Hocke.

» Sprich empathisch und wertschätzend mit dem Klienten. Vermeide unbedingt eine negative Ansprache. Atme lieber tief durch oder verlasse den Raum. Geh wieder in den Kontakt, wenn du dich etwas beruhigt hast.

» Berühre den Klienten vorsichtig. Achte auf seine nonverbalen und verbalen Signale. Ziehe die Hand sofort zurück, wenn du das Gefühl hast, dass dem Klienten die Berührung unangenehm ist.

» Wenn du den Kontakt beendest, sei klar und eindeutig und benutze unter Umständen Rituale, auf die der Klient reagiert, zum Beispiel auf Wiedersehen sagen und winken. Versuche beim Beenden des Kontaktes keine Schuldgefühle zu haben. Versuche auch, den Abschied fließend und weniger abrupt zu gestalten.

Beenden des Kontaktes

Viele Angehörige und Mitarbeiter der Pflege und Hauswirtschaft haben Angst, Kontakt aufzunehmen, weil sie glauben, dass sie aus dieser Verbindung nicht mehr herauskommen könnten. Sie haben ein schlechtes Gewissen, wenn sie die bedürftig wirkenden Klienten wieder alleine lassen müssen. Man glaubt, von ihnen *aufgefressen* zu werden, weil sie die Hand oft nicht mehr loslassen. Man kann sich erst dann auf einen Kontakt einlassen, wenn man das Wechselspiel zwischen Nähe und Distanz zum Klienten kontrolliert. Wenn man hingegen glaubt, man komme aus dem Zimmer des Klienten nicht mehr heraus, so wird man alles tun, um einen intensiveren Kontakt zu vermeiden. Und genau das kann man in vielen Pflegeeinrichtungen beobachten. Die Mitarbeiter vermeiden den Kontakt, indem sie sich nicht auf die Augenhöhe des älteren Menschen begeben. So ist sehr häufig zu beobachten, dass die Mitarbeiter stehen, während die älteren Menschen sitzen. In der Regel kann man davon ausgehen, dass der Kontakt so nur schwer gelingt oder nur dann *greift*, wenn der ältere Mensch noch sehr gut hören oder den Kopf bewegen kann und kognitiv sehr leistungsfähig ist. Das Herstellen und das Halten eines Kontaktes, das Kennenlernen einer Persönlichkeit und die dazu notwendige Arbeit mit den Angehörigen gehen oft im Pflegealltag unter. Deshalb ist auch der zweite Schritt des Türöffnungskonzeptes, die Einführung der Bezugspersonenpflege, so wichtig.

Sorge für kleine und wohnliche Organisationseinheiten und dafür, dass die Klienten feste Bezugspersonen unter den Mitarbeitern haben

Menschen mit Demenz brauchen andere, die sich um sie kümmern. Alleine sind sie nicht in der Lage, ihren Alltag zu bewältigen und ihre persönliche Integrität aufrecht zu erhalten. Sie benötigen also eine Bezugsperson. Eine Bezugsperson ist ein Mensch, der möglichst immer präsent ist, wenn man ihn braucht, dem man vertraut, auf den man sich verlassen kann, der einen kennt und der weiß, was für einen gut oder schlecht ist, auch wenn das manchmal sehr problematisch erscheint. Konstante und feste Bezugspersonen sind das Wichtigste in der Begleitung von Menschen mit Demenz und/oder psychischen Veränderungen. Dies kann in der Pflege nicht eine einzelne Person leisten. Denn schon allein durch einen Dreischichtdienst im Seniorenheim oder einem Zweischichtdienst in der häuslichen Pflege hat ein Mensch mit mindestens zwei oder drei Personen zu tun. Gerade deshalb ist es das oberste Gebot, die Anzahl der Bezugspersonen klein zu halten. Die Bezugspersonen für Menschen mit Demenz sollten nicht zu häufig wechseln. Wenn die psychische Belastung für einen Mitarbeiter so hoch ist, dass es unerträglich erscheint, über Monate, wenn nicht sogar über Jahre, immer mit denselben Personen zu arbeiten, ist ein Wechsel notwendig. Pro Schicht muss klar sein, wer für wen zuständig ist.

Von der Funktionspflege zur Bezugspersonenpflege

Beim Türöffnungskonzept wollen wir von der Funktionspflege (*Menschen zu Tätigkeiten*) zur Bezugspersonenpflege (*Menschen zu Menschen*) wechseln, um mit den Dementierenden direkt in Kontakt zu bleiben. Bestimmte Tätigkeiten, wie zum Beispiel das Verteilen von Medikamenten, müssen im Funktionspflegesystem ausgeführt werden. In diesem Pflegesystem stehen die Tätigkeiten und nicht die Bedürfnisse der älteren Menschen im Vordergrund. Die Arbeitsabläufe sind nicht effizient und die älteren Menschen werden ständig gestört.

Das **Funktionspflegesystem** liegt insofern nahe, als man Angst hat, sich mit den wahren Bedürfnissen der Klienten auseinanderzusetzen. Stattdessen versucht man, eine bestimmte Abfolge von Tätigkeiten durchzusetzen, die nicht selten im Gegensatz zu den wahren Bedürfnissen der Menschen steht. In der Tagespflege und auch in den Hausgemeinschaften gibt es diese Form der Funktionspflege nicht, da die Kleingruppen solche funktionellen Abläufe nicht zulassen. In den Hausgemeinschaften sind zum Beispiel, vereinfacht ausgedrückt, nicht drei Mitarbeiter für 30 Personen und mehr, sondern ist ein Mitarbeiter für 10 Personen zuständig.

Auch hier findet also Arbeitsteilung statt. Zwischen den Mitarbeitern werden allerdings nicht bestimmte Tätigkeiten aufgeteilt, sondern die Mitarbeiter werden dem Klienten zugeordnet.

Bei diesem Organisationsprinzip ist also jeder Mitarbeiter für eine bestimmte Anzahl von älteren Menschen zuständig und übernimmt für sie, von Ausnahmen abgesehen, alle anfallenden Tätigkeiten. So unterstützt beispielsweise ein und dieselbe Mitarbeiterin einen *ihrer* Klienten beim Waschen, sie richtet für ihn die Medikamente, reinigt seinen Nachttisch, macht das Bett, hilft beim Ankleiden. Vor allem aber kümmert sie sich um das psychosoziale Wohl dieses Menschen. Das fällt der Bezugsperson auch nicht schwer, denn sie kennt *ihren* Klienten ja gut. Sie fühlt sich auch in einem anderen Maße verantwortlich, als wenn sie jeden Morgen in 20 Zimmern lediglich das Bett machen und die Menschen zur Toilette bringen würde.

Ordne daher den Mitarbeitern keine Tätigkeiten zu, sondern Menschen! Oder anders ausgedrückt: Stelle den älteren Menschen eine Bezugsperson zur Seite! Kleine Organisationseinheiten erleichtern die Bezugspersonenpflege.

Bezugspersonenpflege

Eine große Hilfe bei der Einführung der Bezugspersonenpflege und dadurch auch bei der Kontaktaufnahme mit einem Menschen mit Demenz ist also die Verkleinerung der Organisationseinheiten. Es ist dazu meist nicht erforderlich, die alte Einrichtung *abzureißen* und durch eine neue zu ersetzen. Auch in großen, *herkömmlichen* Einrichtungen ist es möglich, mit einem überschaubaren finanziellen Einsatz für eine kleinere Gruppe von älteren Menschen zum Beispiel gemeinsame Wohnküchen oder auch Wohnzimmer einzurichten, die den Wohnbereich der einzelnen Klienten ergänzen.

1 – Stelle die Person in den Mittelpunkt des Tuns

Öffne Türen zum Klienten und vermeide türschließendes Verhalten bei dir selbst und bei anderen.

» Akzeptiere den Menschen so, wie er ist.
» Lasse ihn seinen eigenen Willen behaupten und seine Gefühle ausdrücken.
» Biete ihm Nähe und Wertschätzung.
» Gib ihm die Möglichkeit, Selbstachtung zu erleben.
» Fördere seine sozialen Kontakte.
» Biete ihm die Möglichkeit, vertrauten Beschäftigungen nachzugehen und sein Leben so normal wie möglich zu gestalten.
» Stimuliere seine Sinne, lasse ihn genießen und sich entspannen.
» Arbeite mit Humor.
» Schaffe eine sichere und fördernde Umgebung.
» Klage den Betreuten nicht für sein Verhalten an.
» Zwinge ihn nicht, etwas zu tun, das er nicht tun will.
» Mache den Betreuten nicht zum Objekt unseres beruflichen Handelns.
» Behandle ihn nicht, als sei er ein gefährlicher Gegenstand.

» Binde ihn in den Alltag mit ein.
» Gib ihm das Gefühl, wertvoll zu sein.
» Respektiere seine Gefühle.
» Achte seine Bedürfnisse.
» Mach dich nicht lustig über den Betreuten.
» Behandle ihn wie einen erwachsenen Menschen.
» Verbinde dein Wissen mit dem Wissen anderer Berufsgruppen und arbeite mit ihnen zusammen.
» Informiere dich über (psychiatrische) Krankheitsbilder und Verhaltensweisen.
» Bilde dich gezielt und sinnvoll fort.

Weitere *kleinere* Maßnahmen, Konzepte und Verhaltensweisen, die zusätzlich eingesetzt werden können, um einem Menschen mit Demenz mehr Anregung und mehr Freude am Leben zu geben, bieten die *positiven Interaktionen.* (Vgl. Maciejewski 2012)

11.2.2 Zwölf positive Interaktionen

1. **Anerkennen:** Man kann eine Person zum Beispiel durch Zuhören anerkennen. Anerkennen bedeutet aber auch, einen Menschen so zu akzeptieren, wie er ist.
2. **Verhandeln:** Auch Menschen mit Demenz und psychischen Veränderungen haben einen Willen, den sie ausdrücken können. Mit einer Person Verhandeln bedeutet, sie nach ihren Bedürfnissen zu fragen oder ihre Bedürfnisse zu erkennen.
3. **Zusammenarbeiten:** Es gibt unzählige Möglichkeiten, mit Menschen mit Demenz zusammenzuarbeiten, denn sie sind ja häufig körperlich gar nicht eingeschränkt, wenn man sie ein wenig unterstützt. Viele alte, demenziell erkrankte Frauen können zum Beispiel noch gut in der Küche mitarbeiten, Kartoffeln schälen, spülen und Zwiebeln schneiden.
4. **Spielen:** Die positive Interaktion *Spielen* bedeutet nach Kitwood, einer Person Platz für Spontanität und Selbstausdruck zu bieten.

5. **Timalation:** Das Wort *Timalation* ist abgeleitet aus dem griechischen Wort *timao* (ich halte in Ehren, ich würdige) und aus dem Wort *Stimulation*. Timalation heißt also, eine Person würdigend zu stimulieren. So kann Verbindung durch verschiedenste sensorische Zugangsweisen geschaffen werden, zum Beispiel durch die Basale Stimulation, durch den Kontakt mit Tieren oder auch durch Snoezelen.

6. **Feiern:** Wenn man mit älteren Menschen zusammen feiert, können alle Beteiligten daran Spaß und Freude haben und die Trennung zwischen Mitarbeitern und Klienten hebt sich – zumindest für eine bestimmte Zeit – auf.

7. **Entspannen:** Jeder Mensch muss sich zwischendurch entspannen und einmal tief durchatmen können. Einem Menschen mit Demenz kann man nach Kitwood beispielsweise durch Körperkontakt Entspannung bieten.

8. **Validation:** Validation ist eine Kommunikationsmethode, mit der man einen desorientierten Menschen erreichen und ihm Nähe und Wertschätzung bieten kann.

9. **Halten:** Im psychologischen Sinne zu Halten bedeutet, einen sicheren psychologischen Raum, ein *Behältnis* zu bieten. Ist das Halten sicher, kann eine Person wissen, dass verheerende Emotionen, wie abgrundtiefer Schrecken oder überwältigende Trauer und Verzweiflung, vorübergehen und nicht zur Desintegration der Seele führen. Selbst heftiger Zorn und zerstörerische Wut, die sich für eine Weile gegen die haltende Person richten, werden sie nicht verjagen. Das psychologische Halten kann auch das körperliche Halten umfassen.

10. **Erleichtern:** In seiner einfachsten Bedeutung besagt es, eine Person in die Lage zu versetzen, etwas zu tun, das sie ansonsten nicht tun könnte, indem diejenigen Teile der Handlung übernommen werden, die fehlen. Vielleicht besteht alles noch Verbliebene in einer zögernden Bewegung in Richtung auf eine Handlung oder in einer elementaren Geste. Die Aufgabe des Erleichterns liegt nun darin, die Interaktion in Gang zu bringen, zu verstärken und der Person schrittweise zu helfen, sie mit Bedeutung zu füllen.

11. **Schöpferisch Sein:** Zu den schöpferischen Tätigkeiten mit Menschen mit Demenz und psychischen Veränderungen zählen unter anderem Malen, Musikhören oder Musikmachen. Aber auch Tanzen gehört nach Kitwood zu dieser positiven Interaktion.
12. **Geben:** Die Person mit Demenz bringt Besorgnis, Zuneigung oder Dankbarkeit zum Ausdruck, bietet Hilfe an oder macht ein Geschenk. (Vgl. Maciejewski 2012)

11.3 Biografisches Pflegemodell

Das psychobiografische Pflegemodell von Erwin Böhm bietet einen weiteren Ansatz, um Verhaltensweisen von verwirrten und desorientierten Menschen zu erklären und zu verstehen.

Ein dementer Mensch kann nach Böhm nicht mehr über die *Noopsyche* oder auch über die *Welt der Dinge*, also den kognitiven Anteil der Psyche, erreicht werden. Der Zugang muss daher über die *Thymopsyche* oder auch die *Welt der Gefühle*, also den Anteil der Psyche, der überwiegend mit Gefühlen zu tun hat, erfolgen.

Noopsyche – am Scheitel: Hier liegt die Merkfähigkeit, das sachliche Denken.
Thymopsyche – an der Schädelbasis: Hier liegen die Gefühle.

Diese Begriffe wurden von Erwin Böhm in Zusammenhang mit dem von ihm entwickelten Psychobiografischen Pflegemodell eingeführt.

Die *Noopsyche* wird definiert als der Teil des Seelenlebens, der den Intellekt, den kognitiv-bewussten Anteil der Psyche, betrifft. Die Noopsyche setzt sich zusammen aus:

Noopsyche - Tymopsyche, L. Berchtold

» Bewusstsein
» Orientierung
» Wahrnehmung
» Intelligenz (Auffassung, Aufmerksamkeit, Konzentration)
» Gedächtnis
» Denken und Sprache.

Der *Gegenpol* der Noopsyche ist die Thymopsyche.

Die *Thymopsyche* ist jener Teil des Seelenlebens, der die Affektivität, das Gemüt betrifft, das heißt, überwiegend mit den Gefühlen zu tun hat. Die Thymopsyche setzt sich folgendermaßen zusammen:

» Stimmung
» Befindlichkeit
» Affekte
» Affizierbarkeit (sich von Affekten anstecken lassen)
» Antrieb
» Psychomotorik
» Biorhythmus (Schlaf, Wachheit, Menstruation)
» Trieb
» Vegetativum (regelt die Vitalfunktionen, wie Atmung, Verdauung, Stoffwechsel, Sekretion, Wasserhaushalt und anderes).

In schwierigen Situationen, wie zum Beispiel nach dem Einzug in ein Pflegeheim und der damit verbundenen Aufgabe der gewohnten Umgebung, kann es dazu kommen, dass der alte Mensch dekompensiert. Er baut also ab und verfällt in die *Thymopsyche* und wendet seine alten „Copings" an, um sein Leben weiterhin bewältigen zu können. Als „Copings" werden Bewältigungsstrategien bezeichnet, mit denen der alte Mensch früher bestimmte Situationen bewältigt und Probleme gelöst hat. (Vgl. Pflegewiki, Psychobiografisches Pflegemodell 2012)

11.3.1 Interaktionsstufen

Erwin Böhm unterscheidet sieben Interaktionsstufen, auf denen sich der dementierende Mensch in seiner langsamen physischen und psychischen Rückentwicklung (Regression) befinden kann. Für jede Interaktionsstufe müssen eigene/individuelle Zugangswege gefunden werden.

Stufe 1:
Sozialisation

Diese Stufe entspricht dem Erwachsenenalter. Man kann sich normal mit dem alten Menschen unterhalten. Eventuell ist es notwendig, etwas lauter oder langsamer zu sprechen. Ein alter Mensch in dieser Stufe ist kognitiv erreichbar. Laut Böhm handelt es sich hier um einen biologischen Abbau, also um den physiologischen Alterungsprozess.

> *„Kommunikation läuft vorwiegend auf der Inhalts- und Beziehungsebene ab."*
> Erwin Böhm[42]

Stufe 2:
Mutterwitz

Die kognitive Leistung des alten Menschen auf dieser Stufe hat schon etwas nachgelassen, entspricht aber noch dem Erwachsenenalter. Der alte Mensch ist über ein Gespräch erreichbar und reagiert auf eine gewisse Art von Humor. Je nach Ausprägung des individuellen Humors gestaltet sich der Zugang dementsprechend leichter oder schwieriger. Auch hier handelt es sich laut Böhm noch um den physiologischen Abbau.

„Menschen auf Stufe 1 oder 2 verstehen Wort und Satz. Sie sind
mittels aktivierender Pflege erreichbar. Verfallen sie in tiefere
Stufen der Erinnerung, ist eine reaktivierende Pflege
notwendig, um die Seele wieder zu beleben.“

Erwin Böhm[43]

Stufe 3:
Seelische und soziale Grundbedürfnisse

Dieses Stadium entspricht dem Lebensalter zwischen 12 und 16
Jahren, also der Pubertät. Menschen auf dieser Stufe zeigen Ver-
haltensauffälligkeiten und erste kognitive Einbußen. Der alte
Mensch ist nicht mehr über die Noopsyche erreichbar und beginnt, vernachlässigte Grundbedürfnisse (zum Beispiel Zuneigung und Aufmerksamkeit) aus seiner Kindheit einzufordern (beispielsweise durch Schreien oder Aggressivität). Ab dieser Stufe
beginnt laut Böhm nun auch der pathologische Abbau.

„Eine sensible Beobachtung sowie eine Nichtüberforderung
in körperlicher und seelischer Weise ist Impulssetzung.“

Erwin Böhm[44]

Stufe 4:
Prägung

Das Verhalten in dieser Stufe (entspricht dem sechsten bis zum
zwölften Lebensjahr) ist geprägt von erlernten Verhaltensnormen
oder auch Ritualen, die dem alten Menschen Sicherheit geben
(beispielsweise ein Tischgebet vor dem Essen oder der Respekt
älteren Menschen gegenüber). Hierbei muss auch beachtet werden, dass die Prägung je nach Region, in der der alte Mensch
aufgewachsen ist, unterschiedlich sein wird (zum Beispiel bestimmte Sprüche).

Stufe 5:
Höhere Antriebe

Diese Stufe entspricht dem Lebensalter zwischen drei und sechs Jahren. Um den alten Menschen auf dieser Stufe zu erreichen, muss man ihm einen Lebenssinn geben. Man muss hierbei herausfinden, auf welchen Reiz er reagiert (zum Beispiel Essen oder Macht). Nur wenn der richtige Reiz angesprochen wird, gelingt es, den alten Menschen zu aktivieren.

Stufe 6:
Intuition

Diese Stufe entspricht der frühen Kindheit, also dem Lebensalter zwischen einem Jahr und drei Jahren. Hier spielen Märchen, Religion und Mythen eine große Rolle; der alte Mensch zieht sich auch oft in die *gute, alte Zeit* zurück und träumt von geliebten Menschen und vertrauten Personen. Er reagiert intuitiv, da er die Welt kognitiv nicht mehr verstehen kann.

Stufe 7:
Urkommunikation

Erst in der letzten Stufe entwickelt der alte Mensch wieder das Verhalten eines Säuglings. Der Betroffene liegt oft in einer embryonalen Stellung im Bett und ist teilnahmslos. Das Spüren des eigenen Körpers ist auf dieser Stufe die einzige Möglichkeit, sich seines *Selbst* noch bewusst zu werden (zum Beispiel durch Anfassen der Genitalien oder Spielen mit dem eigenen Kot).

Um erkennen zu können, wie man den alten Menschen auf den einzelnen Interaktionsstufen erreichen kann, ist es in der Biografiearbeit auch nicht am wichtigsten, einen chronologischen Lebenslauf, sondern eine Psychobiografie zu erstellen. Diese besteht hauptsächlich aus Geschichten (sogenannten „Stories"), die das Leben des alten Menschen beschreiben und ausmachen. Ebenfalls sollten seine „Copings" ermittelt werden.

Ein besonderes Augenmerk sollte dabei auf die ersten 25 Lebensjahre gelegt werden, da die Erlebnisse in diesem Zeitraum laut Böhm den alten Menschen geprägt haben. Die Erlebnisse in dieser Zeit haben ihn geformt, sie beeinflussen daher sein Verhalten und seine Gefühlswelt. (Vgl. Pflegewiki, Psychobiografisches Pflegemodell 2012)

> *„Basale Kommunikations- und Stimulationsformen können eine Erreichbarkeit fördern."*
> Erwin Böhm[48]

11.3.2 Interpretationskriterien

Bei Böhm wird die Biografie interpretiert, um entsprechende Impulse für den Betroffenen herausarbeiten zu können. Hierfür werden verschiedene Interpretationskriterien verwendet:

» Grundtypenzuordnung: In dieser Zuordnung kommt es darauf an, ob ein Mensch erfolgreich und eher unruhig war (sympathikotoner Typ) oder ob er Ruhe wollte und zurückgezogen lebte (parasympathikotoner Typ). Eine weitere Einteilung erfolgt nach Alpha-Typ (der Mensch wollte selbst entscheiden und wollte Macht) und Omega-Typ (der Mensch wollte nicht auffallen und keine Entscheidungen treffen).

» Identifikationsmuster: Bei den Identifikationsmustern wird dann festgestellt, wer den alten Menschen besonders geprägt hat (zum Beispiel Vater, Mutter, Freunde).

» Grund- und Nachholbedürfnisse: Hier gilt es festzustellen, welche Bedürfnisse in der Prägungszeit wichtig waren oder welche Bedürfnisse nicht befriedigt wurden (zum Beispiel Zuwendung oder Aufmerksamkeit).

» Copings: Die Copings geben Aufschluss darüber, mit welchen Bewältigungsstrategien der alte Mensch früher seine Probleme gelöst hat (zum Beispiel mit Streiten oder Weinen).

» Über-Ich-Normen: Bei den Über-Ich-Normen versucht man herauszufinden, welche Regeln und Werte für den alten Menschen in der Prägungszeit gegolten haben (zum Beispiel Pünktlichkeit, Fleiß oder Sparsamkeit).

» Was erregt? Mit dem Interpretationskriterium „Was erregt?" soll ermittelt werden, was der Betreffende früher gerne mochte und was nicht (zum Beispiel Alkohol, Musik, Tanzen, Flirten).

» Normalität: Anschließend wird geklärt, was in der Prägungszeit des alten Menschen normal war (zum Beispiel viel Arbeit, wenig Freizeit, Gehorsam).

» Ich-Identität: Die Ich-Identität entspricht dem Wichtig-Sein. Hier gilt es festzustellen, wann sich der Mensch wichtig gefühlt hat (zum Beispiel, wenn er bei einem Streit die Oberhand behalten hat).

» Daheim-Gefühl: Über die Festlegung des Daheim-Gefühls soll ermittelt werden, was der Betreffende braucht, um sich daheim zu fühlen oder was in der Prägungszeit sein Daheim-Gefühl ausgemacht hat (zum Beispiel bestimmte Gerüche oder Geräusche).

» Triebe und Ersatzhandlungen: Im Anschluss daran werden noch Triebe und Ersatzhandlungen ermittelt. Hierbei werden lebenserhaltende Triebe (Sexualität, Nahrung und Aggression) und lebenszerstörende Triebe (Todestrieb) unterschieden. Die Feststellung der Triebe und Ersatzhandlungen ist ebenfalls von großer Bedeutung, da der alte Mensch eine Ersatzhandlung suchen wird, wenn er einen dieser Triebe nicht mehr ausleben kann (zum Beispiel zu schreien anstatt zu streiten, um seine Aggressionen auszuleben).

» Weitere Fragen: Abschließend werden noch weitere Fragen geklärt: Was fehlt dem alten Menschen heute? Was ist anders als früher? Was hindert ihn daran, sein Leben so normal wie möglich zu gestalten?

Erst wenn diese Punkte geklärt sind, können die Probleme sowie deren Ursachen erkannt und es kann nach Lösungen (Impulsen) gesucht werden, um den alten Menschen stabil auf seiner aktuellen Interaktionsstufe zu halten oder ihn auf die nächsthöhere Stufe zu reaktivieren. (Vgl. Pflegewiki, Psychobiografisches Pflegemodell 2012)

11.3.3 Ziel des Psychobiografischen Pflegemodells

Ziel des Psychobiografischen Pflegemodells nach Böhm ist es, die alten Menschen zu stabilisieren und zu reaktivieren. Sie sollen wieder *aufleben*, sich wichtig und daheim fühlen. Die Selbständigkeit der alten Menschen soll gefördert werden, wobei nicht vorrangig die körperliche Selbständigkeit, sondern die Entscheidungskraft der Betroffenen gemeint ist, also sich selbständig fühlen und mitentscheiden können. Das Modell zeigt Wege auf, wie ein Mensch mit einer psychischen Regression in den jeweiligen Interaktionsstufen erreicht und begleitet werden kann. Hierdurch wird nicht nur das Wohlbefinden des Menschen gesteigert, sondern auch die Arbeitszufriedenheit der

Mitarbeiter. Die alten Menschen sollen also *aufleben* und nicht *aufgehoben* werden. Oder wie Erwin Böhm sagt: „*Wir betreuen Menschen und nicht Betten.*"[24] (Vgl. Pflegewiki, Psychobiografisches Pflegemodell 2012)

12

ANHANG

12.1 Angehörige und ihre Situation

Es ist leicht, über Demenz zu reden oder zu schreiben, wenn man nicht selbst als Angehöriger betroffen ist. Demenz ist auch eine Erkrankung der Angehörigen, die oft mehr unter der Krankheit leiden als der Patient selbst.

Die allgemeinen Erwartungen an meine Elternpflege, die stete Erinnerung an das vierte Gebot (*„Ehre deinen Vater und deine Mutter, dann wird es dir gut gehen und du wirst lange leben"* 5.Mose, *Kapitel 5, Vers 16)* und die Angst vor der Herausforderung machen Druck und nehmen mir die Freude an der pflegerischen Arbeit. Will ich oder muss ich pflegen?

„Ich kann, weil ich will,
was ich muss."
Immanuel Kant[49]

Geschichte

Oft sagen mir andere, was für meine Mutter gut ist und was ich tun und lassen sollte. Sie geben mir gutgemeinte, unterstützende Ratschläge, die bei mir oft als Schläge ankommen. Nur selten finde ich Menschen, die mir länger als ein paar Minuten zuhören können, weil meine Erzählungen auch für sie belastend sind. Wenn ich meine Mutter von einer Mitarbeiterin des Mobilen Hilfsdienstes (MOHI) betreuen lasse, habe ich oft ein schlechtes Gewissen, denn ich weiß, dass meine Mutter am liebsten bei mir ist. Und immer wieder schäme ich mich, weil ich es nicht geschafft habe …

12.1.1 Warum ist es so schwer, die eigenen Eltern zu pflegen?

Drei Punkte, um es besser zu verstehen:

1 – Unsere gemeinsame Geschichte

Fallbeispiel:

Ich war circa sieben Jahre alt und habe schon Stunden im Sandkasten ge-spielt, habe Straßen gebaut und mit unserem Gartenschlauch den großen See in der Mitte der Landschaft gefüllt. Es war ein schönes Gefühl, so ein richtiger Baumeister zu sein. Mitten in mein Spiel rief meine Mut-ter: „Eugen, essen kommen!" Meine Antwort: „Ich komme gleich." Ohne zu denken versank ich wieder in meiner Arbeit, bis meine Mutter zum zweiten Mal rief. „Ich muss das nur noch fertig machen, ich kom-me gleich", war meine Reaktion. Circa fünf Minuten später, ich war ganz in mein Spiel vertieft, spürte ich, wie meine Hose zwischen mei-nen Beinen warm und nass wurde. Oje! Jetzt stand ich auf und wollte ins Haus. Bei der Tür stand mein Vater, der mich eben abholen wollte. Er sah den Fleck in meiner Hose und konnte es nicht fassen: „Ein Bub mit sieben Jahren macht in die Hose, das gibt es doch nicht!" Ein paar deftige Schläge auf mein Hinterteil und ohne Essen ins Bett zu gehen: Das sollte mir eine Lehre sein.

40 Jahre später:

Mein Vater hat Demenz und wir können ihn nicht mehr allein zu Hause lassen. Meine Geschwister und ich besprechen, wie der Vater nun betreut werden soll. „Du kannst das am besten und das Haus hast du auch geerbt." Alle sagen, dass sie immer erreichbar sind und helfen werden, wenn ich Hilfe brauche. Mein Vater zieht bei mir und meiner Familie ein. Er sitzt am liebsten auf meinem Lieblingsplatz, dem wei-ßen Polstersessel in der Stube, das ist jetzt sein Platz. Ich darf nur auf meinem Sessel sitzen, wenn er im Bett ist. Nach einem anstrengenden Tag komme ich am Abend von der Arbeit nach Hause und freue mich, dass Papa schon im Bett ist und ich in meinem Sessel ausspannen kann. Beim Öffnen der Türe ins Wohnzimmer rieche ich Urin und sehe auf meinem Sessel einen großen gelben Fleck, aus medikamentendurch-tränktem Urin. Der Fleck lässt sich nie wieder entfernen. Der Schmerz meiner Sandgeschichte wird wach und ich werde wütend auf ihn und mich. Obwohl ich in dieser Situation hilflos bin, soll ich jetzt meinem Papa freundlich Gute Nacht sagen, denn er hat ja schon vergessen, was war.

In diesem Moment hasse ich meinen Vater und mich selbst und schäme mich für meine Gefühle.

2 – Überforderung und Stress durch Verlust der eigenen Zeit, des Familienlebens, der Hobbys, der Freizeit und der Arbeit

Seit mein Vater bei uns wohnt, hat sich vieles verändert. Meine Frau hat ihre geliebte Arbeit aufgegeben, um Papa zu pflegen. Unsere Gespräche handeln fast ausschließlich von Papa: Was ist wichtig, wie können wir uns organisieren, wer tut was, wann, wo und wie? Wenn wir etwas un-ternehmen wollen, braucht es eine genaue Vorausplanung. Am wohls-ten fühlt sich Papa, wenn wir beim Essen zusammensitzen und reden. Er hört gut zu, redet gerne mit und erzählt später die Inhalte etwas ver-ändert weiter an meine Geschwister. Unsere Freizeit hat sich sehr redu-ziert. Wenn ich einmal früher von der Arbeit heimkomme, übernehme ich die Betreuung von Papa, damit meine Frau eine Pause hat. Zeit für Gespräche mit den Kindern nützen wir, wenn Papa schläft. Manchmal hat Elternpflege etwas Gutes und Wohltuendes an sich, aber manchmal ist es auch Stress, der uns und meinem Vater nicht guttut; dann schä-me ich mich.

3 – Nicht-Wahrhaben-Wollen

Ich will und kann es nicht glauben, dass mein Vater, ein so stattlicher Mann, demenziell erkrankt ist. Er verliert zusehends sich und seine Geschichte, erkennt seine Angehörigen nicht mehr. Die Angst, selbst an Demenz zu erkranken, beschäftigt mich und zermürbt meine Gedanken und Gefühle. Diese Betroffenheit erschwert mir die Pflege meines Vaters, weil sie fast immer unausgesprochen zwischen uns steht. Nur wenige Menschen können mich verstehen. Die meisten finden meinen Papa lieb, schrullig, witzig. Es heißt dann: „Du machst das schon." Ich schäme mich für meine Gedanken und Gefühle …

Laut Erich Grond zeigt sich das Dilemma der Angehörigenpflege auch im Teufelskreis der Elternpflege:

Meine Frau pflegt meinen Vater überfürsorglich, sie tut alles, damit uns nie jemand etwas vorwerfen kann, weder meine Geschwister noch die Nachbarn noch die Freunde von Papa noch sonst jemand. Papa hat nach dem Frühstück einen Marmeladefleck auf dem Hemd. Ich will nicht, dass der nächste Besuch das sieht, werde ihm also ein neues Hemd anziehen. Papa schlägt mich, schreit mich an, er will das Hemd nicht ausziehen, er meint, er habe das erst am Morgen angezogen und das müsse reichen. Weil ich Angst vor dem Gerede der Leute habe, werde ich mit meinem Papa kämpfen. Mir kann keiner nachsagen, dass ich nicht gut auf Papa achte. Heute erzählt er jedem, dass ich grob mit ihm war. Ich schäme mich.

Seit ich meinem Papa überall helfe, weil er meistens kleckert, wird er immer hilfloser, er macht nichts mehr selbst, auch dann nicht, wenn er könnte, alles lässt er sich von meiner Frau oder mir machen, sonst darf ihm niemand helfen. Wenn ich einmal keine Zeit habe, werde ich oft wütend, weil er dann besonders langsam macht, dann schimpfe ich, er wird auch wütend und schimpft oder er wird traurig und weint. Wenn ich dann den Raum verlasse, schäme ich mich, habe ein schlechtes Gewissen oder fühle mich schuldig. Ich schäme mich und das hat er nicht verdient, deshalb pflege ich wieder überfürsorglich und stecke in einem unauflösbaren Teufelskreis.

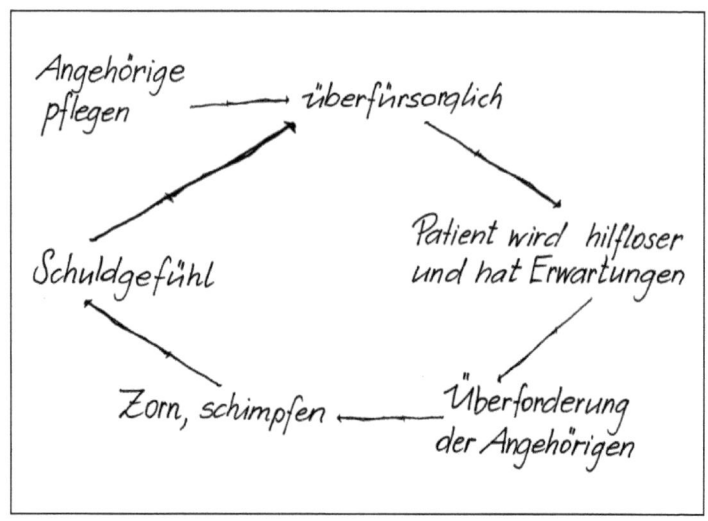

Teufelskreis der Elternpflege nach Erich Grond, E. Feurstein

Nur wenige Menschen wissen, welche Leistung ein pflegender Angehöriger Tag für Tag, Woche für Woche und Jahr für Jahr erbringt.

Als Leistung ist nicht die Arbeit am Menschen gemeint, sondern das Aushalten der Gefühle von Liebe, die gekoppelt sind mit Wut, Zorn und Hass; dazu kommen die fortlaufenden tiefen Kränkungen und dann das schlechte Gewissen, die Schuldgefühle, es nicht alleine zu schaffen, obwohl man weiß, dass der Vater zu Hause sterben will.

Und manchmal schäme ich mich vor mir selbst, wenn ich spüre, wie meine Mutter/mein Vater für mich zur Last geworden ist und dann ...

„Wesentlich für pflegende Angehörige ist die Psychohygiene, die sich nur wenige gönnen, weil sie sich stets und rund um die Uhr für den zu Pflegenden verantwortlich fühlen und gegen das Dilemma der Gefühlsverwirrungen ankämpfen."

Unbekannt[50]

Doch nur, wer sich selbst gut betreut, kann auch andere gut betreuen. Pflege dich selbst gut, denn wenn du als pflegender Angehöriger keine Kraft mehr hast, hat deine Mutter/dein Vater auch dich verloren!

» Nimm dir regelmäßig Zeit nur für dich (einmal am Tag sich selbst etwas Gutes tun).
» Teile die eigene Zeit (auch die Freizeit) gut ein.
» Vereinbare eine Arbeitsteilung innerhalb der Familie.
» Gib Hobby, Freizeit, was dir besonders wichtig ist, nicht auf.
» Hinterfrage deine Arbeit. Kann und will ich meinen Arbeitsplatz aufgeben?
» Habe keine Angst vor Nachbargerede.
» Nütze die unterstützenden Angebote der Betreuungshilfen wie Hauskrankenpflege, Heimhilfe, Mobiler Hilfsdienst und Ähnliches.

12.2 Depression als Folge von Überforderung

L. Berchtold

Wenn du alles schluckst, erträgst, dir nichts zu sagen traust, alles in dich aufnimmst, wirst du irgendwann einem starken inneren Druck ausgesetzt sein. Wenn du diesen Druck spürst, könntest du durch Meditation oder autogenes Training oder, *wenn du schon übervoll bist*, mit Schreien, Weinen und Schlagen etwas Druck ablassen, oder du tust etwas Verrücktes, das dir Druckentlastung verschafft. Machst du das alles nicht, wird sich die Natur einen Weg suchen, dem Druck nachzugeben. Oft entsteht eine Krankheit. Wenn auch diese nicht ernst genommen wird, sammelt sich mehr Druck an, der sich in das Gegenteil umwandelt. Statt *gepresst* ist der Mensch dann *leer*, auf die Völle folgt die Leere. Je leerer der Mensch ist, desto schwieriger wird die Behandlung der entstandenen Depression.

Alles hat seinen Sinn: Ob geplatzte Wut oder Krankheitsgewinn, nun kommt es darauf an, wie du das Beste aus dem machst, was ist.

12.3 Betreuer und ihre Situationen

Fallbeispiel:

Eine Tochter pflegt ihre Mutter zu Hause. Die Mutter schickt das staatliche Pflegegeld ihrem Sohn nach Wien, weil der immer so nett mit ihr umgeht, einmal im Jahr auf Besuch kommt und eine große Schachtel Pralinen mitbringt. Er war schon immer ihr ganzer Stolz. Die Pflegemitarbeiterin findet, dass das Pflegegeld die Tochter, welche die tägliche Arbeit und die Pflege besorgt, bekommen sollte. Sie spricht die Tochter darauf an. Diese meint, dass das nie funktioniere. Der Sohn sei der Liebling der Mama, das würde sie niemals einsehen und außerdem sage sie immer: „Du kannst mich pflegen, weil du das Haus geerbt hast." Mit Erlaubnis der Tochter redet die Pflegemitarbeiterin mit der Mutter und erklärt, wofür das Pflegegeld da ist. Nach einem langen und intensiven Gespräch ist die Mutter einsichtig. Sie telefoniert mit dem Sohn und erzählt ihm, was sie mit der Pflegerin besprochen hat. Der Sohn lenkt sofort ein und sagt, das werde er klären. Er ruft seine Schwester an und sagt, dass es schon richtig sei, dass das Geld ihr gehöre. Aber es gefalle ihm gar nicht, dass eine Pflegerin sich in familiäre Sachen einmische. Er

versöhnt sich mit der Schwester und schimpft so massiv über die Pflege-
rin, dass die beiden ausmachen, dass jemand, der sich so in die familiä-
ren Angelegenheiten einmische, nicht mehr kommen müsse. Sie suchen
eine neue Begleiterin.

Wenn du dich in familiäre Angelegenheiten deiner Kunden ein-
mischst, ist das Scheitern vorprogrammiert. Wir müssen keine
Weltverbesserer sein und können diesen Anteil der Organisati-
on einer Stellenleitung oder der Hauskrankenschwester überge-
ben, damit wir mit gutem Gefühl lange eine wertvolle Begleitung für die Mutter und die Tochter sein können.

Familien-Betreuer-Konflikt, E. Feurstein

12.4 Mutter-Tochter-Konflikt

Fallbeispiel:

Die einzige Tochter hat gegen den Willen und den Protest ihrer Mutter
einen Schwarzafrikaner, den sie sehr liebt, geheiratet. Sie war der Mei-
nung, wenn die Mutter ihn erst kennenlerne, werde sie ihn mögen. So-
weit ist es nie gekommen. Die Mutter hat den Kontakt zur Tochter ab-
gebrochen und wollte auch nichts mehr mit ihr zu tun haben. Die Tochter
litt sehr unter der Abweisung ihrer Mutter und versuchte immer wieder,
mit ihr in Kontakt zu treten. Der Mutter war es nicht möglich, ihrer

Tochter zu verzeihen. Als die Mutter in das Pflegeheim aufgenommen wurde, hatte die Tochter ständig Kontakt mit der Heimleitung und informierte sich regelmäßig, wie es der Mutter gehe. Als die Mutter in die Sterbephase kam, wollte die Tochter unbedingt zu ihr, um sich zu versöhnen. Die Mutter wollte aber nicht, dass die Tochter sie besucht. Die Heimleitung geriet in eine Zwickmühle: Sollte sie der Tochter oder der Mutter ihren jeweiligen Wunsch erfüllen? So sagte der Heimleiter zu der Mutter: „Ihre Tochter will Sie besuchen, ich werde ihr sagen, dass Sie sie nicht sehen wollen, werde sie aber nicht aufhalten, wenn sie in Ihr Zimmer geht." Zur Tochter sagte die Heimleitung: „Ihre Mutter will Sie nicht sehen, wenn Sie aber in ihr Zimmer gehen, werde ich Sie nicht zurückhalten, es liegt in Ihrer Verantwortung, was Sie tun. Wenn Sie aber hineingehen, empfehle ich Ihnen, einen Stuhl zu nehmen und ohne etwas zu sagen direkt beim Bett zu sitzen. Sie können ihre Hand offen auf das Bett legen, damit ihre Mutter sie nehmen kann, wenn sie will, aber reden Sie nicht, seien Sie einfach da." Die Tochter ging und befolgte die Vorgaben. Nach circa zwei Stunden verließ sie weinend das Zimmer und sagte, dass die Mutter ihre Hand genommen habe, sie habe ihr verziehen und sich gefreut, dass sie gekommen sei. Dann sei sie in ihrem Arm eingeschlafen und habe zu atmen aufgehört. In Tränen aufgelöst war die Tochter traurig und glücklich zugleich und bedankte sich bei der Heimleitung.

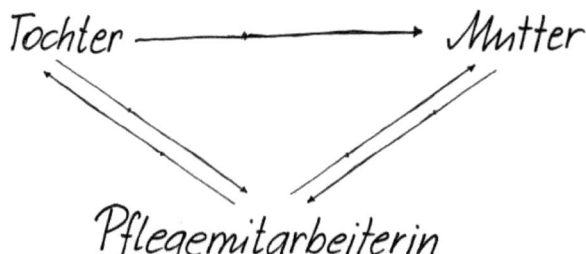

Mutter- Tochter-Konflikt, E. Feurstein

13

SCHLUSSWORT

Jetzt sind wir also ausgestattet mit vielen Theorien und Erklärungsmodellen der Validation. Diese sollen zu einem besseren Verständnis für die Eigenheiten von uns Menschen führen. Aber wo sollen wir anfangen, fragt sich der eine oder andere, und wird gleich an sich selbst erinnert. Denn ein guter Validationsanwender beginnt bei sich selbst, er wird sich selbst zum besten Freund, der im Moment keine Erwartungen an sich hat, der sich mag, wie er ist, somit validiert er sich selbst.

Mich selbst zu nehmen, wie ich bin, und das Beste aus dem zu machen, was da ist, und das bei anderen Menschen genauso zu tun, ist das Geheimnis von Validation. Das scheint ja gar nicht so schwer zu sein? Denke daran: Sobald wir wissen und verinnerlicht haben, dass wir uns selbst validieren können, sind wir auf dem Weg zum Erfolg. Wir fangen mit dem an, was für uns am Kraftvollsten klingt oder an das wir im Moment am meisten glauben.

Ich wünsche dir viel Freude mit Validation als Lebensphilosophie.

Danke

Mein Dank gilt vor allem meiner Frau Margit und meinen Söhnen Florian, Franz-Josef und Valentin.

Ich danke auch den Korrekturlesern Marlies Buchreiter, Helga Feistmantel, Elisabeth Feurstein und Gebhard Greber.

Elisabeth Fink danke ich für die Diskussion der Problemstellung.

„Danke" an Elisabeth Feurstein für die gezeichneten Grafiken und an Ludwig Berchtold für die Fotos aus seinem Archiv.

„Danke" auch an alle Menschen, die mir direkt oder indirekt Lehrer oder Mentor waren und die ich hier namentlich nicht erwähnt habe.

14

GLOSSAR

Aszites

Der Aszites wird in der Umgangssprache auch als „Bauchwassersucht" bezeichnet: Es handelt sich um eine krankhafte Flüssigkeitsansammlung in der freien Bauchhöhle.

ATL

Aktivitäten des täglichen Lebens (ATL) gehören zu einem ganzheitlichen Pflegemodell in der Alten- und Krankenpflege.

ATL steht Tätigkeiten, die der Befriedigung der menschlichen Grundbedürfnisse dienen und täglich zu wiederholen sind. Bei Erkrankungen und im Alter kann es mitunter schwerfallen und bisweilen unmöglich sein, diese Tätigkeiten auszuführen. Dazu zählen Körperhygiene, Sauber Halten der Wohnung, Zubereiten und Einnahme von Mahlzeiten, Mobilität sowie Kontinenz, Verlassen des Bettes, selbständiges An- und Auskleiden aber auch das Gestalten von Raum und Zeit, Arbeiten, Spielen, Kommunizieren und anderes mehr.

Biografiefragebogen

Die ABC Liste soll die positive Biografieerhebung erleichtern. Wir sammeln Wörter (in der ABC Liste zu jedem Buchstaben) mit positiven Erinnerungen des Klienten. Z.B. Ein Weihnachtsgeschenk das ihn sehr gefreut hat, das Erstkommunionkleid, eine schöne Urlaubserinnerung aber auch Namen oder Menschen die für ihn wichtig waren. Zu jedem dieser Wörter gibt es eine Geschichte die in die Biografie eingearbeitet werden kann und die als Impulsgeber für eine positive Stimmung eingesetzt werden können.

Coping

Coping heißt übersetzt Bewältigungsstrategie: Sie wird entwickelt, um in Zukunft schwierige Lebenssituationen eher meistern, mit Belastungen besser umgehen und Einschränkungen souveräner ausgleichen zu können.

Dekubitus

Dekubitus entspricht einem *Geschwür durch Liegen* und ist als lokalisierte Schädigung der Haut und des darunterliegenden Gewebes definiert.

DGKP

Diplomierter Gesundheits- und Krankenpfleger
DGKS: Diplomierte Gesundheits- und Krankenschwester

Do Raank abspringo

Einer betreuten Person Aufmerksamkeit geben, bevor sie diese durch eigene Interventionen wie Schreien, Weglaufen oder Ähnlichem einfordert.

Geragogik

Beschäftigt sich mit Bildungsfragen und Bildungshilfen für ältere Menschen und ist ein Teilgebiet der Pädagogik

Ileus

Der Ileus ist ein Darmverschluss, eine Darmunterbrechung durch Einschließen oder Zusammendrängen.

Konfabulieren

Unter „Konfabulieren" wird das Ausfüllen von Gedächtnislücken mit objektiv falschen Angaben verstanden.

Ein Klient mit Demenz merkt dass er Lücken in der Erinnerung an sein eigenes Leben hat. Diese Lücken füllt er mit objektiv falschen Begebenheiten oder Informationen, die er in dem Moment aber für wahr und real hält. Zu einem späteren Zeitpunkt kann die erste Konfabulation zu einem biografischen Ereignis bereits wieder vergessen sein und sie wird bei erneutem Nachfragen ganz anders beschrieben.

Beim ersten Gespräch kann man ohne Kenntnis der tatsächlichen Begebenheiten Konfabulationen nicht als solche erkennen, da sie meist nahtlos in tatsächlich Erlebtes eingefügt sind und auch nicht unrealistisch wirken. (Vgl. Pflegewiki, Konfabulieren 2012)

Lethargie

Lethargie ist eine Art der Bewusstseinsstörung und bezeichnet den Zustand einer abnormal ausgeprägten Schläfrigkeit. Der Betroffene verfällt immer wieder in einen schlummernden oder schlafenden Zustand, ohne dass hierfür eine ersichtliche Ursache vorliegt. Lethargie beschreibt ein Symptom, das bei vielen Krankheiten vorkommen kann.

Milieutherapie

Milieutherapie ist ein Sammelbegriff für die atmosphärische und kommunikationsfördernde Gestaltung von Sozialzentren. Mit Wohnraumcharakter in den öffentlichen Räumen und in den persönlichen Zimmern der alten Menschen wird versucht, ein Gefühl von Zu-Hause-Sein zu wecken. Angebote wie individuelle Einzel- oder Gruppenaktivitäten sollen einen familienähnlichen Charakter ins Heim bringen.

Neurolinguistische Programmierung

Neurolinguistische Programmierung (kurz NLP) bezeichnet die Idee, dass der Mensch anhand von Reiz-Reaktions-Ketten „funktioniert" und diese neu gestaltet werden könnten. Geändert werden soll das eigene Verhalten durch Analyse des alten Verhaltens und *Programmieren* von neuen Reaktionen. Der Schwerpunkt der NLP liegt in Kommunikationstechniken und Mustern zur Analyse der Wahrnehmung. Das Ziel ist eine erfolgreiche Kommunikation.

Niereninsuffizienz

Als Niereninsuffizienz bezeichnet man die Unterfunktion einer oder beider Nieren. Es kommt im Rahmen einer Niereninsuffizienz zur Erhöhung der Konzentration von harnpflichtigen Substanzen (Kreatinin, Harnstoff, Harnsäure und andere) im Blut.

Bei der chronischen Niereninsuffizienz schreitet der Leistungsverlust über Jahre hinweg langsam fort. Die Funktionseinschränkungen sind auch bei optimaler Behandlung nicht mehr rückgängig zu machen. Das Endstadium dieser Form der Nierenschwäche ist ein Nierenversagen.

Obstipation

Obstipation heißt so viel wie Verstopfung und bezeichnet eine funktionelle Darmstörung, bei der der Stuhl nicht vollständig oder nur verzögert abgegeben werden kann. Verstopfung ist keine Krankheit an sich, sondern ein häufig vorkommendes Symptom, das viele Ursachen haben kann.

ROT

Das Realitätsorientierungstraining (kurz ROT) ist ein Konzept, das an Demenz erkrankten Personen helfen soll, aktiver und selbstbestimmter den Alltag zu gestalten. Hierzu wird die geistige Aktivität gefördert. Der Schwerpunkt liegt auf dem Training der räumlichen, zeitlichen und persönlichen Orientierung des Demenzkranken.

Snoezelen

Bei „Snoezelen" (sprich: *snuzelen*) handelt es sich eine 1978 von zwei Zivildienstleistenden in den Niederlanden kreierte sprachliche Neuschöpfung, die aus den beiden Wörtern *snuffelen* (schnüffeln, schnuppern) und *doezelen* (dösen, schlummern) besteht. Darunter wird der Aufenthalt in einem gemütlichen, angenehm warmen Raum verstanden, in dem man, bequem liegend oder sitzend, umgeben von leisen Klängen und Melodien, Lichteffekte betrachten kann. Das Snoezelen dient der Verbesserung der sensitiven Wahrnehmung und zugleich der Entspannung.

Stroke-Baby

Das aus dem Englischen kommende Wort *stroke* bedeutet sowohl *streicheln* als auch *Schlag*. Mit Stroke-Defizit wird in der Kommunikationstheorie von Vera Birkenbihl ein Streicheldefizit beschrieben. Menschen, die unter einem solchen Defizit leiden, legen es manchmal darauf an, negative Streicheleinheiten zu erarbeiten – nach dem Motto: Negative Anerkennung ist besser als keine. Diese Menschen verhalten sich so, dass sie die Entrüstung, den Ärger, Hass und Zorn ihrer Umwelt auf sich ziehen (beispielsweise durch tölpelhaftes Benehmen, häufige Unpünktlichkeit, übertriebene Angaben, Lügen und Ähnlichem). Sie leiden daran, nicht genügend beachtet zu werden. (Vgl. Birkenbihl, 1999)

Subileus

Der Subileus ist eine Vorstufe des Ileus und richtet sich nach der Schwere des Aufstaus und der Symptomatik. Die Unterscheidung in Ileus und Subileus ist nicht klar definiert und basiert mehr oder weniger auf der individuellen Einschätzung des behandelnden Arztes.

Timalation

Der Ausdruck „Timalation" basiert auf der Verbindung des griechischen Verbums *timao* (ich halte in Ehren, ich würdige) und dem lateinischen Substantiv *stimulatio* (Reiz, Ansporn). Timalation bedeutet, eine Person würdigend zu stimulieren.

TTB

Therapeutischer Tischbesuch

Stereotype Menschen

Dementierende Menschen im Stadium 3 haben ihre Sprache verloren. Sie ersetzen diesen Verlust mit Rhythmischen Bewegungen um sich selbst zu spüren und zu stimulieren. Sie klopfen ständig, Wippen mit ihrem Körper oder rufen Hallo.

VAKOG

VAKOG ist ein Bestandteil der NLP (Neurolinguistische Programmierung). Die fünf Buchstaben VAKOG stehen für unsere Sinne, im Einzelnen:

V = Visuell (Sehen),
A = Auditiv (Hören),
K = Kinästhetisch (Fühlen/Spüren),
O = Olfaktorisch (Riechen),
G = Gustatorisch (Schmecken).

Wir nehmen unsere Umwelt mit allen fünf Sinnen wahr. Der eine nimmt seine Umwelt stärker visuell, der andere eher hörend oder fühlend wahr.

Zeitreise

Zeitreisende Personen sind Menschen im Stadium 2 der Validation die das Zeitdenken verlieren. So erkennen sie manchmal ihnen nahestehende Personen der Vergangenheit nicht wieder. Sie können dann nicht zwischen bekannten oder ihnen fremden Menschen unterscheiden. Sie können innerhalb von kurzer Zeit, ohne es zu merken, in ihrem Denken und Reden Zeitsprünge machen

LITERATURVERZEICHNIS

Baer, Udo: Innenwelten der Demenz – Das SMEI-Konzept, Affenkönig Verlag, Neukirchen-Vluyn 2007.

Bellinger, Maria/Kocs Ursula: Gerontopsychiatrie und Neurologie für die Altenpflegeausbildung, Bildungsverlag EINS, Kieser, Troisdorf 2002.

Biografiearbeit, Alzheimerforum, Berlin (In: https://www.alzheimerforum.de/3/1/6/4/biograph.html) (Zugriff: 23.03 2019).

Birkenbihl, Vera Felicitas: Kommunikationstraining – Zwischenmenschliche Beziehungen erfolgreich gestalten, 21.Auflage, mvg Verlag, Landsberg am Lech 1999.

Boeree, George (In: http://www.iim.uni-giessen.de/wiki/default.asp?EriksonsPers%F6nlichkeitstheorie) (Zugriff: 01.03.2011).

Böhm, Erwin: Pflegediagnose nach Böhm, Recom Verlag, Basel 1990.

Böhm, Erwin: Psychobiografisches Pflegemodell – Band I: Grundlagen, Maudrich, Wien 1999.

Böhm, Erwin: Seelenlifting statt Gesichtsstraffung – Älterwerden akzeptieren – Lebensantriebe reaktivieren, 3. aktualisierte Auflage, Psychiatrie Verlag, Bonn 2005.

Böhm, Erwin: Verwirrt nicht die Verwirrten – Neue Ansätze geriatrischer Krankenpflege, Psychiatrie Verlag, Bonn 1999.

Bundesministerium für Gesundheit (In: https://www.bundesgesundheitsministerium.de/fileadmin/Dateien/Publikationen/Pflege/Berichte/Bericht_Rahmenempfehlungen_zum_Umgang_mit_herausforderndem_Verhalten_bei_Menschen_mit_Demenz_in_der_stationaeren_Altenhilfe.pdf (Zugriff:25.04.2020)

Bundesministerium für Soziales, Gesundheit, Pflege und Konsumentenschutz (In: https://www.sozialministerium. at/Themen/Gesundheit/Nicht-uebertragbare-Krankheiten/Demenz/%C3%96sterreichischer-Demenzbericht.html) (Zugriff: 17.01.2021).

De Klerk-Rubin, Vicki: Mit dementen Menschen richtig umgehen – Validation für Angehörige, Ernst Reinhardt Verlag, München 2006.

Der österreichische NLP Server: Neurolinguistische Programmierung (In: http://www.nlp.at/lexikon/s3.htm) (Zugriff: 21.07.2012)

Einzmann, Simone: Werthers Echte und Spreewald-Gurken. In: Bild der Wissenschaft 7/2011, S. 76-78.

Erikson, Identität und Lebenszyklus – Drei Aufsätze, Suhrkamp Verlag, Frankfurt am Main 1973.

Feil Naomi: Validation: ein neuer Weg zum Verständnis alter Menschen, Delle Karth Verlag Wien 1990

Feil, Naomi: Ein Weg zum Verständnis verwirrter alter Menschen, Ernst Reinhardt Verlag, München 1999.

Feil, Naomi/De Klerk-Rubin, Vicki: Validation – Ein Weg zum Verständnis verwirrter alter Menschen. 7. Auflage, Ernst Reinhardt Verlag, München 2002.

Feil, Naomi: Validation in Anwendung und Beispielen – Der Umgang mit verwirrten alten Menschen, 4. Auflage, Ernst Reinhardt Verlag, München 2004.

Feil, Naomi/De Klerk-Rubin, Vicki: Validation – Ein Weg zum Verständnis verwirrter alter Menschen. 8. Auflage, Ernst Reinhardt Verlag, München 2005.

Faszination Psychologie (In: https://www.br.de/telekolleg/ faecher/psychologie/sprache-kommunikation102.html) (Zugriff: 24.04.2021)

Gleichweit, Sonja/Rossa Martina: Competence Center Integrierte Vorsorge – Erster Österreichischer Demenzbericht, Wiener Gebietskrankenkasse, Wien 2009.

Gplus, Die Grünen SeniorInnen Österreich (In: http://senior innen. gruene.at/archive/artikel/lesen/36456/) (Zugriff: 20.07.2012).

Haecker, Jo von: Enneagramm – Die neun Wege zu einem besseren Selbstverständnis, Wilhelm Goldmann Verlag, München 2009.

Halek, Margareta/Bartholomeyczik, Sabine: Verstehen und Handeln – Forschungsergebnisse zur Pflege von Menschen mit Demenz und herausforderndem Verhalten, Schlütersche Verlagsgesellschaft, Hannover 2006.

Hosp, Christine: Soziale Dimensionen der Demenz – Welches soziale Umfeld brauchen Menschen im mittleren und fortgeschrittenen Stadium der Demenzerkrankung für ihre Lebensqualität in einem Altenwohnheim?, Innsbruck, Univ., Dipl.-Arb., 2006.

Kiefer, Bernd/Rudert, Bettina: Der therapeutische Tischbesuch – TTB – die wertschätzende Kurzzeitaktivierung, Vincentz Verlag, Hannover 2007.

Kolb, Christian (In: http://www.nahrungsverweigerung.de/scripts/ursachen_corp.html) (Zugriff: 20.07.2012)

Konzepte für die Betreuung dementer Menschen, Theoretische Modelle und ihre Umsetzung in der Praxis am Beispiel von Altenheimen in Marburg (In: http://www.we-serve-you.de/anne/index.htm?betreuungskonzepte.htm) (Zugriff: 30.10.2016)

Krohwinkel, Monika (In: http://www.altenpflegeschueler.de/sonstige/pflegekonzept-monika-krohwinkel.php) (Zugriff: 20.07.2012)

Legewie, Heiner/Ehlers, Wolfram: Knaurs moderne Psychologie, Droemersche Verlagsanstalt, München 1992. Leonhard Schlegel: *Handwörterbuch der Transaktionsanalyse. Sämtliche Begriffe der TA praxisnah erklärt.* Herder, Freiburg im Breisgau 1993, 2. Auflage 2002, S. 44f

Maciejewski, Britta: Pflege bei Demenz – Anforderungen an die Begleitung von Menschen mit Demenz – Das KDA-Türöffnungskonzept (In: http://www.assista.org/files/macie jewski_britta.pdf) (Zugriff: 20.07.2012).

Manteuffel, Leonie von: Was tun bei herausforderndem Verhalten?, In: Die Schwester – Der Pfleger, Jg. 45 (2006) Ausgabe 8, S. 600-602.

MDS Grundsatzstellungnahme. Ernährung und Flüssigkeitsversorgung älterer Menschen. (In: http://www.vdd.de/filead min/downloads/VDD_Downloads_geriatrie/MDS_Grundsatzstellungnahme_Ernaehrung_und_Fluessigkeit_2003-1.pdf) (Zugriff: 01.09.2012)

Messer, Barbara: 100 Tipps für die Validation, 2. aktualisierte Auflage, Brigitte Kunz Verlag, Hannover 2009.

Mohr, Clemens Maria: Endlich verstehst du mich! Das kleine Handbuch für erfolgreiche Kommunikation in Beruf und Privatleben, BODE Verlag, Norderstedt 2007.

Mück, Herbert: Mit Demenz-Kranken kommunizieren (In: http://www.dr-mueck.de/HM_Kommunikation/Mit_Dem enz-Kranken_kommunizieren_3.htm) (Zugriff: 20.07.2012).

Petzold, Hilarion Gottfried: Mit alten Menschen arbeiten – Konzepte und Methoden sozialgerontologischer Praxis, Teil 1, Pfeiffer bei Klett-Cotta, Stuttgart 2004.

Pflegewiki, Konfabulieren (In: http://www.pflegewiki.de/wiki/Konfabulieren) (Zugriff: 20.07.2012).

Pflegewiki, Krankheitsgewinn (In: http://www.pflegewiki.de/wiki/Krankheitsgewinn) (Zugriff: 20.07.2012).

Pflegewiki, Orientierung (In: http://www.pflegewiki.de/wiki/Orientierung) (Zugriff: 20.07.2012).

Pflegewiki, Psychobiografisches Pflegemodell (In: http://www.pflegewiki.de/wiki/Psychobiografisches_Pflegemodell) (Zugriff: 20.07.2012).

Rohr, Richard/Ebert, Andreas: Das Enneagramm – Die 9 Gesichter der Seele, Claudius Verlag, München 2004.

Rosenberg, Marshall B.: Gewaltfreie Kommunikation – Eine Sprache des Lebens, Junfermann Verlag, Paderborn 2010.

Scharb, Brigitte: Speziell validierende Pflege, Springer, Wien 1999.

Scharb, Brigitte: Speziell validierende Pflege, Validationsskriputm, Eigenverlag Wien 1996.

Scharb, Brigitte: Speziell validierende Pflege, Springer Wien New York 2005.

Schützendorf, Erich: Ekel und Erregung – Konfrontation mit Sexualität in der Altenpflege, In: Altenpflege, Jg. 21 (1996) Heft 2, S. 348-355.

Schützendorf, Erich: Wer pflegt, muss sich selbst pflegen – Belastungen in der Altenpflege meistern, Springer Verlag, Wien 2006.

SDI-Research (In: http://www.sdi-research.at/lexikon/halo-effekt-definition-und-erklaerung.html) (Zugriff: 20.07.2012).

Stephen Karpman (1968): *Fairy tales and script drama analysis*. In: Transactional Analysis Bulletin 7 (26), S. 39–43

Wikipedia, Dramadreieck (In: http://de.wikipedia.org/wiki/Dramadreieck) (Zugriff: 20.07.2012).

Wilfling, Denise: Reaktivierende Pflege nach Prof. Erwin Böhm – ein innovatives Pflegekonzept in der Altenpflege, Bakkalaureatsarbeit, Medizinische Universität Graz 2009 https://online.medunigraz.at/mug_online/wbAbs.showThesis?pThesisNr=16526&pOrgNr=1&pPersNr=57476) (Zugriff: 2012)

Wißmann, Peter/Gronemeyer, Reimer: Demenz und Zivilgesellschaft – eine Streitschrift, Mabuse-Verlag, Frankfurt am Main 2008.

ZITATE

QUELLENVERZEICHNIS

1. Knuth, Gustav: Gustav Knuth über Alter. In: Gutzitiert. https://www.gutzitiert.de/zitat_autor_gustav_knuth_thema_alter_zitat_23487.html [29.04.2021]
2. Wißmann, Peter, Gronemeyer, Reimer: Demenz und Zivilgesellschaft – eine Streitschrift, Demenz-Merksätze. Verlag Mabuse, 2008
3. Nin, Anais: Zitate berühmter Personen. In: https://beruhmte-zitate.de/zitate/968828-anais-nin-wir-sehen-die-dinge-nicht-wie-sie-sind-wir-sehen/[29.04.2021]
4. von Goethe, Johann Wolfgang: Wilhelm Meisters Wanderjahre, Zweites Buch, Elftes Kapitel. Cotta Verlag, 2016
5. von Goethe, Johann Wolfgang: Zitate von Johann Wolfgang von Goethe. In: zitate.eu. https://www.zitate.eu/autor/johann-wolfgang-von-goethe-zitate/90806 [29.04.2021]
6. Russel, Bertrand: Der Wechsel allein ist das Beständige. Verlag Wiley-VCH, 2007
7. von Goethe, Johann Wolfgang: Zitate von Johann Wolfgang von Goethe. In: Zitate-Welt. https://www.zitate-welt.de/zitate/autor.php?autor=Johann+Wolfgang+von+Goethe&id=1285 [29.04.2021]
8. Maslow, Abraham: Skript, Brigitte, Scharb, Wien 1996
9. Maslow, Abraham: Skript, Brigitte, Scharb, Wien 1996
10. Zimmer, Heinrich: Skript, Brigitte, Scharb, Wien 1996
11. Feil, Naomi: Skript, Brigitte, Scharb, Wien 1996
12. Kunze-Pleat, Dorothea: Personenzentrierte Erwachsenenpädagogik. Springer Berlin 2019
13. Watzlawick, Paul: Zitatforschung. In: https://falschzitate.blogspot.com/2019/06/wer-als-werkzeug-nur-einen-hammer-hat.html [29.04.2021]

14. Rogers, Carl: Skript, Brigitte, Scharb, Wien 1996
15. Epiktet: Zitate von Epiktet. In: https://www.zitate.eu/autor/epiktet-zitate/165823 [29.042021]
16. Rusk, Dean: Zitate von Dean Rusk. In: gutezitate. https://gutezitate.com/zitat/168335 [29.04.2021]
17. Gibran, Khalil: Das Auge. In: Lehrmittel Perlen. https://www.lehrmittelperlen.net/perlen/3513-das-auge-kahlil-gibran.html [29.04.2021]
18. Tucholsky, Kurt: Brigitte, Scharb, Wien 1996
19. Juchli, Liliane: Krankenpflege. Georg Thieme Verlag, Stuttgart,1987
20. Scharb, Brigitte: Skript, Brigitte, Scharb, Wien 1996
21. Feil, Naomi/De Klerk-Rubin, Vicki: Validation – Ein Weg zum Verständnis verwirrter alter Menschen. Ernst Reinhardt Verlag, München 2005. (S. 111)
22. Kafka, Franz: Franz Kafka über Das Schöne. In: Gutzitiert. https://www.gutzitiert.de/zitat_autor_franz_kafka_thema_das_schoene_zitat_656.html [29.04.2021]
23. Kolb, Christian: Ernährung und Demenz. In: https://nahrungsverweigerung.de/ernaehrung-am-lebensende/ [29.04.2021]
24. Härtling, Peter: Brigitte, Scharb, Wien 1996
25. Indianische Weisheit: Zitate zum Thema Vorurteil. In: https://www.aphorismen.de/zitat/26712 [29.04.2021]
26. Unbekannt
27. Unbekannt
28. Unbekannt
29. Unbekannt
30. Scharb, Brigitte: speziell validierende Pflege, Springer Wien NewYork 2005
31. Walch, Sylvester: Transpersonale Psychologie und Spirituelle Erfahrungen. In: https://spirit-online.de/transpersonale-psychologie-und-spirituelle-erfahrungen.html [29.04.2021]
32. Feil Naomi: Brigitte, Scharb, Wien 1996
33. Rogers, Carl: Skript, Brigitte, Scharb, Wien 1996
34. Schnetzer, Norbert: Verbales Zitat. Vorarlberg 2005

35. Kükelhaus Hugo: Das Erfahrungsfeld. In: https://hugo-kuekelhaus.de/website/index.php/de/hugo-kuekelhaus/das-erfahrungsfeld-hugokhaus-29 [29.04.2021]

36. Steffen, Uwe: Jona und der Fisch – Der Mythos von Tod und Wiedergeburt. Kreuz Verlag, Stuttgart, 1985

37. Unbekannt

38. Lünnemann, Ole: Informationsdienst Wissenschaft, Universität Dortmund. In: https://idw-online.de/de/news14143 [29.04.2021]

39. Paul, Jean: Jean Paul über Erinnerung. In: Gutzitiert. https://www.gutzitiert.de/zitat_autor_jean_paul_thema_erinnerung_zitat_1340.html [29.04.2021]

40. Molcho, Semy: Planet wissen. In: https://www.planet-wissen.de/gesellschaft/kommunikation/koerpersprache/pwiesamymolchovompantomimenzumlehrer100.html [29.04.2021]

41. Kishon, Ephraim: Zitat von Ephraim Kishon. In: Zitate.eu. https://www.zitate.eu/autor/ephraim-kishon-zitate/183036 [29.04.2021]

42. Böhm, Erwin: Verwirrt nicht die Verwirrten. Neue Ansätze geriatrischer Krankenpflege, Psychiatrie-Verlag, Wien 1999

43. Böhm, Erwin: Verwirrt nicht die Verwirrten. Neue Ansätze geriatrischer Krankenpflege, Psychiatrie-Verlag, Wien 1999

44. Böhm, Erwin: Verwirrt nicht die Verwirrten. Neue Ansätze geriatrischer Krankenpflege, Psychiatrie-Verlag, Wien 1999

45. Böhm, Erwin: Verwirrt nicht die Verwirrten. Neue Ansätze geriatrischer Krankenpflege, Psychiatrie-Verlag, Wien 1999

46. Böhm, Erwin: Verwirrt nicht die Verwirrten. Neue Ansätze geriatrischer Krankenpflege, Psychiatrie-Verlag, Wien 1999

47. Böhm, Erwin: Verwirrt nicht die Verwirrten. Neue Ansätze geriatrischer Krankenpflege, Psychiatrie-Verlag, Wien 1999

48. Böhm, Erwin: Verwirrt nicht die Verwirrten. Neue Ansätze geriatrischer Krankenpflege, Psychiatrie-Verlag, Wien 1999

49. Kant, Immanuel: Zitatforschung. In: https://falschzitate.blogspot.com/2017/06/ich-kann-weil-ich-will-was-ich-muss.html [29.04.2021]

50. Unbekannt

Der Autor

Wilfried Feurstein wurde 1961 im österreichischen
Lustenau geboren und absolvierte von 1980
bis 1984 eine Ausbildung zum psychiatrischen
Gesundheits- und Krankenpfleger. Er war im Laufe
seines Berufslebens unter anderem viele Jahre als
Heim- und Pflegedienstleiter in einem Alters- und
Pflegeheim tätig. Darüber hinaus ist er ausgebilde-
ter „Lehrer für Gesundheitsberufe" und hat in der
Aus- und Weiterbildung bei Connexia (Bregenz),
in der Schule für Sozialbetreuungsberufe (Bregenz)
sowie in der Kathi-Lampert-Schule Sozialbetreuungsberufe (Götzis) unterrichtet. Die Begleitung
von Menschen in allen Lebenslagen ist sein Lebens-
thema. Sein besonderes Interesse gilt dabei der
Validation: Er sieht diese nicht nur als geeignete
Methode an, um Menschen mit Demenz ein wür-
devolles Leben zu ermöglichen, sondern begreift
sie vielmehr als „Lebensphilosophie". Feurstein ist
verheiratet und hat drei erwachsene Söhne.

novum ▲ VERLAG FÜR NEUAUTOREN

Der Verlag

Wer aufhört
besser zu werden,
hat aufgehört
gut zu sein!

Basierend auf diesem Motto ist es dem novum Verlag
ein Anliegen neue Manuskripte aufzuspüren, zu ver-
öffentlichen und deren Autoren langfristig zu fördern.
Mittlerweile gilt der 1997 gegründete und mehrfach
prämierte Verlag als Spezialist für Neuautoren in
Deutschland, Österreich und der Schweiz.

Für jedes neue Manuskript wird innerhalb we-
niger Wochen eine kostenfreie, unverbindliche
Lektorats-Prüfung erstellt.

Weitere Informationen zum Verlag und
seinen Büchern finden Sie im Internet unter:

w w w . n o v u m v e r l a g . c o m